Hermann Neidhart

Ich war noch nicht überall, aber am Ende der Welt

Impressum
© Copyright 2022 by Hermann Neidhart
Herstellung, Druck und Vertrieb:
epubli - ein Service der Neopubli GmbH,
Köpenicker Str. 154a, 10997 Berlin
Verleger: Hermann Neidhart,
Am Schwaigfeld 34, 82061 Neuried
ISBN 978-3-7565-2703-8

Ich war noch nicht überall, aber am Ende der Welt

Ob mit Auto oder Bus, Bahn oder Lkw, Fähre oder (relativ selten) Flugzeug - auf Straßen, Pisten oder Seewegen: auf meinen Reisen gab es ständig Erzählenswertes zu erleben. Es war immer sehr kurzweilig und recht spannend, und der Weg war für mich bereits das Ziel. Die Ankunft war wichtig, die Anreise aber mindestens genauso. Deshalb bin ich fast immer auf dem Landweg gefahren, gern auch übers Meer. Dabei kam ich in manche Orte mit wohlklingenden Namen, etwa nach El Dorado und Panama, Palmyra und Aleppo, Kabul und Kathmandu, Casablanca und Timbuktu...

Der Spruch: "Man reist nicht nur um anzukommen, sondern vor allem, um unterwegs zu sein" stammt von Goethe. Er benutzte meist die Kutsche. Seine Tagebuchaufzeichnungen lesen sich auch heute noch spannend. Tucholsky wiederum hat einmal geäußert: "Die größte Sehenswürdigkeit, die es gibt, ist die Welt - sieh sie dir an!" Das habe ich beherzigt, und dabei bin ich bis an ihr südliches Ende gekommen - nach Feuerland. Ein solches Weltenende erreichte ich auch viel weiter östlich in "Down under" - Australien. Unterwegs hatte ich (fast) immer Glück.

Hermann Neidhart

Inhalt

Lateinamerika

Auf dem Zugdach über die Anden   13
Mit der Eisenbahn durch Ecuador

El Dorado - Mythos und Wirklichkeit   21
An der Laguna de Guatavita

Pozuzo und Tovar   29
Zwei deutschsprachige Dörfer in Südamerika

Höchste Eisenbahn in Peru -   38
Im Tren Central über den Anticona-Pass

Der Titicaca-See, La Paz und Arica   46
Von Peru nach Bolivien und Chile

Guatemala - Unterwegs mit dem Güterzug   55
Von der Hauptstadt in Richtung Karibik

Wer kennt schon Honduras?   66
Und seine Hauptstadt Tegucigalpa...

Panama - Der Kanal und die Eisenbahn   76
Zwei Jahrhundertwerke zwischen den Weltmeeren

Oldies in Havannas Straßen   85
Ami-Schlitten mit kubanischem Charakter

Auf Schlammpisten durch Amazonien 92
Mit Bussen und Fähren in die Grüne Hölle

Uruguay und seine Oldtimer 101
In Montevideo am Rio de la Plata

Patagonien - fast am Ende der Welt 109
Zwischen Anden und Atlantik

Nach Ushuaia auf Feuerland 118
Zur südlichsten Stadt der Erde

Afrika

Von Algier über Tam nach Agadez 127
Eine Sahara-Durchquerung mit Pech und Pannen

Reise in den Sudan - über Land und Meer 139
Wo der Blaue und der Weiße Nil sich treffen

Mauretanien im Eisenerz-Zug 146
Nach Choum und Chinguetti

Von Rosso (Nord) nach Rosso (Senegal) 157
Über die unangenehmste Grenze Westafrikas

Auf nach Timbuktu! 163
Zum Niger am Südrand der Sahara

Hallo Taxi, bitte kommen! 172
Afrikanische Wüsten-, Busch- und Motorradtaxis

Asien

Der Transasia-Express nach Teheran Im Iran zu Schahs und Ayatollahs Zeiten	187
Bei den Buddhas von Bamiyan Auf dem Hippie Trail nach Kabul	194
Pakistan - Am Weg nach Indien Khyber-Pass, Swat-Tal und Indus	200
Zum nepalesischen "Matterhorn" Endstation Annapurna-Basislager	206
Die Bagdad- und die Hedschas-Bahn Historische Züge und Bahnhöfe in Nahost	213
Zum Automarkt nach Damaskus Mercedes-Verkauf im Nahen Osten	221
Palmyra - Oase in der syrischen Wüste Und ihre libanesische Schwester Baalbek	227
Reise nach Irakisch-Kurdistan Zurück mit der Bagdad-Bahn	234
Pilgerfahrt übers Rote Meer zum Sinai Das St. Katharinenkloster am Mosesberg	242
Vor Weihnachten ins Heilige Land Nach Jerusalem, Bethlehem und Nazareth	249

Osteuropa

Auf russischer Breitspur in die Ukraine Mit der Bahn nach Odessa, Lemberg und Kiew	257
Die Unbekannte in Osteuropa Minsk - Hauptstadt von Belarus	265
Eine lange Pilgerfahrt Auf Umwegen nach Medjugorje in Bosnien	270
Winterreise nach Prag Wiedersehen mit der Goldenen Stadt	274
Wo einst der Orient-Express fuhr Über Budapest und Bukarest ans Schwarze Meer	280

Nordamerika / Australien

Mit Amtrak durch den US-Mittelwesten Im "Desert Wind" von Chicago nach Denver	289
Im "Chepe" durch die Kupferschlucht Der einzige Personenzug in Mexiko	297
Mit Road Trains durch Australien Als Beifahrer unterwegs auf dem Stuart Highway	304

Lateinamerika

Auf dem Zugdach über die Anden
Mit der Eisenbahn durch Ecuador

Das hätte ich nicht gedacht, dass ich mal stundenlang auf dem Dach eines Zugs mitfahren würde, noch dazu durch eine Gebirgsgegend in den südamerikanischen Anden. In Afrika und Indien hatte ich zwar auch schon Bahnpassagiere auf Zugdächern erlebt, aber selbst da oben sitzen?

Überfüllter Zug vor der Fahrt in die Anden

Das sah bereits von weitem nicht ganz ungefährlich aus und konnte in den Bergen womöglich ziemlich frisch werden. Aber es waren ja schon so viele

Mitfahrer raufgestiegen, die bestimmt nicht alle lebensmüde waren!

Also nix wie ebenfalls rauf aufs Dach (die Reisetasche musste halt allein beim Platznachbarn im Zugabteil bleiben)! Zum Sitzplatzwechsel von unten nach oben hatte ich mich erst bei einem längeren Zwischenhalt, noch im Flachland, entschlossen. Aber wie war ich überhaupt auf diese Bahn gestoßen, die "Tren del Sur" genannt wurde?

Meine dritte Südamerikareise hatte 1994 in Lima / Peru begonnen. Von dort war ich nach dem Besuch einer Reihe von Städten, wie Huaraz, Trujillo und Chiclayo, mit verschiedenen Bussen auf der Carreterra Panamericana an die Landesgrenze zu Ecuador gekommen. Diese hatte ich im Tiefland zwischen Tumbes und Machala überquert. Der letzte Omnibus hatte mich zur Hafenstadt Duran bei Guayaquil gebracht, wo ich in Bahnhofsnähe übernachtete, um in aller Frühe den Andenzug in Richtung der Hauptstadt Quito zu besteigen.

Zuvor besuchte ich noch das für Bahnfahrer interessante Ausbesserungswerk und Depot der Ferrocarriles Ecuadorianos (ENFE), wo ich von zwei Angestellten recht freundlich empfangen wurde. Sie zeigten mir alles, was ich fotografieren wollte, insbesondere die berühmten Schienenbusse (Autoferros), einige Dampfloks (u.a. von Baldwin) und alte Waggons, aber auch manche fast schrottreifen Geräte. Danach machte ich mit der Personenfähre noch einen Kurzausflug über die Bucht nach Guayaquil, der größten Stadt von Ecuador. Im Hafen von Duran erinnerte ein Standbild an die erste durchgehende Fahrt der G & Q (Guayaquil & Quito Eisenbahn) zur Hauptstadt auf dem Hochland in etwa 450 km Entfernung.

Die begehrtesten Plätze sind auf dem Zugdach

Bezüglich des nächsten Morgens hieß es, dass man die Zugfahrkarte für den Tren del Sur schon um 5 Uhr früh kaufen sollte, wegen des zu erwartenden Fahrgästeandrangs. Ich war rechtzeitig am Schalter und erhielt ein Ticket für umgerechnet drei DM! Und das für eine mehrstündige Fahrt nach Riobamba (die halbe Strecke bis Quito). Sehr pünktlich um 6.30 Uhr verließ der Zug den Bahnhof von Duran und fuhr danach erstmal etwa 80 km durch die tropische Ebene, über Milagro und Naranjito. Die letzte Station vor dem Anstieg ins Gebirge war das Städtchen Bucay. Dort gab es einen längeren Aufenthalt - genug Zeit, um einen brauchbaren, wenn auch luftigen Sitzplatz auf dem Waggondach zu ergattern; die Dächer waren teils gut belegt, und da würde ich vorerst bleiben.

In luftiger Höhe ist es ziemlich frisch

Es gab noch weitere Touristen und Einheimische, die auch nicht lang unten im Abteil verweilen wollten. Das Mitfahren auf einem Hochsitz schien fast zum Volkssport auszuarten, denn nicht wenige zog es auf die Dächer, da auch die Sicht von oben ausgezeichnet war. Ein ecuadoranischer Mitpassagier meinte beruhigend, es seien erst wenige Leute runtergefallen; na, dann war ja alles in Ordnung! Die Bahn fuhr einigermaßen ruckfrei, und man konnte sich gut an das Sitzen heroben gewöhnen.

Der Zug wurde aber bedauerlicherweise erst wieder am Sonntag von einer Dampflok gezogen, heute von einer neueren französischen Alstom-Diesellokomotive, die keine Schwächen zeigte.

Nach dem Passieren des Bahnhofs von Sibambe näherten wir uns der Station Alausi auf 2607 m und sodann der berühmten Teufelsnase (Nariz del Diablo). Dies war der spektakulärste Streckenteil, mit drei niedrigen Tunnels, auf die man jedenfalls im Stehen aufpassen musste. Ab hier waren auch Spitzkehren im Zickzack und enge Kurven zu überwinden. Als es danach aber dämmrig wurde, stieg ich in einem Bahnhof doch wieder ins Abteil hinunter. Die mehrstündige Beförderung am Zugdach hatte somit hervorragend geklappt!

Bei Ankunft in Riobamba nach 19 Uhr und in 2750 m Höhe erfuhr ich, dass morgen - erneut um 5 Uhr - ein Autoferro, einer der moderneren Schienenbusse, nach

Quito überführt werden sollte und ich da mitkommen könnte. Noch in der frühen Dunkelheit war ich am Zug; außer mir und dem Bahnpersonal fuhr lediglich eine Frau bis Ambato mit. Als es hell wurde, tauchte linker Hand ein mächtiger, schneebedeckter Gipfel auf: Der Chimborazo! rief die Mitfahrerin. Mit 6263 m ist er der höchste Gipfel Ecuadors -und war gleich wieder in den Wolken verschwunden.

Auch ich verabschiedete mich für kurze Zeit in einen Dämmerschlaf. Rechtzeitig vor dem Cotopaxi (knapp 5900 m hoch) war ich wieder wach. Unterwegs musste das Personal die Schienen mehrfach von Schwemmsand freischaufeln, um nicht zu entgleisen. Die Straßenüberführungen waren unbeschrankt; Leute und Tiere wurden von den Gleisen weggehupt. Einmal wurde ein Huhn überfahren - und vom Zugpersonal gleich mitgenommen. Der Bf. Urbina (auf 3609 m Höhe) war die höchste Bahnstation an der "Straße der Vulkane", die mit ihren mehr als 30 Bergkegeln, davon einige über 5000, manche sogar 6000 m hoch, von Alexander von Humboldt so benannt worden war.

Quito war nun nicht mehr weit, jedoch hatte sich der dortige Markt über die Schienen ausgebreitet und musste von den Händlern für den Zug freigeräumt werden; mit ihm hatte wohl niemand gerechnet. Mit der Überführung des Ferrobusses von Riobamba zur

Hauptstadt hatte ich viel Glück gehabt, denn die Metropolitana-Gesellschaft hatte diese Tour außerhalb des Fahrplans unternommen (für umgerechnet 2,50 DM pro Person!).

In Quito gabs sogar eine deutsche Gaststätte "Zum Hirschen", in der man außer gut essen (Flädlesuppe und Maultaschen) auch Landsleute treffen konnte, etwa Bergsteiger. Rund 30 km nördlich der Stadt verläuft der Äquator, von dem das Land seinen Namen her hat und wo ich natürlich hin musste.

Der berühmte Breitengrad war unübersehbar mit einem Denkmal und einer Erdkugel darauf geschmückt. Auf der Rückfahrt weckte mich die Busschaffnerin fürsorglich an meiner Haltestelle nahe der Avenida Amazonas, wo sich das Café Manolo befand, ein Treffpunkt der Überlandreisenden.

Tags darauf wollte ich den Hausberg von Quito, den knapp 4700 m hohen Pichincha besteigen. Ich fand eine kleine Reiseagentur, deren Fahrer Fabian mich um 7 Uhr abholte. Mit seinem Landrover konnten wir ziemlich weit hinauffahren, bis zum Refugio, der Schutzhütte. Von dort führte ein schmaler, verschneiter Pfad zum Gipfel des Rucu Pichincha, der allerdings im Nebel steckte. Auch den Vulkankrater konnte man nicht sehen, dafür seinen Schwefeldampf umso unangenehmer riechen.

Im "Hirschen" wurde ich am Abend wegen der vernebelten Sicht auf die "Avenida de los Volcanes" bedauert. Trotzdem war der Ausflug mit Abstecher zum Panecillo (und Blick auf Quitos Altstadt) das Fahrerhonorar jedenfalls wert gewesen. Die deutsche Wirtin erliess mir sogar meine Zeche, sehr nett von ihr! Am folgenden Tag besuchte ich den bunten Tier- und Lebensmittelmarkt sowie den alten Bahnhof von Otavalo, von dem in der Früh ein Schienenbus nach San Lorenzo am Pazifik abfuhr und abends aufs Hochland zurückkehrte, leider ohne mich.

Meine Reise führte mich nämlich weiter auf der Panamericana über Ibarra an die kolumbianische Grenze zwischen Tulcan und Ipiales, später nach Bogota und bis Caracas in Venezuela. Ich hatte wieder mal in kurzer Zeit viel Neues gesehen und manch Überraschendes erlebt; die spannende Bahnfahrt durch Ecuador - teilweise auf dem Zugdach - hatte mir besonders gut gefallen.

El Dorado - Mythos und Wirklichkeit
An der Laguna de Guatavita

Im Verlauf meiner dritten Südamerika-Reise (auf dem Landweg von Lima über Quito und Bogota nach Caracas) kam ich 1994 auch nach Kolumbien. Damals war mir der Mythos von El Dorado schon ganz gut bekannt. El Dorado sollte, soweit es sich dabei um einen bestimmten Ort handelte, eine wichtige Station auf meiner Fahrt werden. Von Popayan in Südkolumbien war ich per Sammeltaxi (Colectivo) nach Bogota gereist, wo ich die Adresse des Inhabers einer deutschen Pension hatte. Mit diesem Hotelier, einem Berliner, besprach ich nach der Ankunft mein Vorhaben.

Dem Mythos zufolge bezeichnete man vor einigen Jahrhunderten einen nicht näher bestimmten Ort im nördlichen Südamerika als El Dorado. Aber auch ein indianischer Herrscher vom Volk der Muisca in den kolumbianischen Anden wurde so benannt. Jedoch vor allem nach jenem sagenhaften Ort, der viel Gold versprach, hatten sich ab dem 16. Jahrhundert mancherlei Konquistadoren und Abenteurer aus Europa, zumeist aus Spanien, auf Expedition nach dem Goldland gemacht.

Die Indios wussten natürlich, dass es in ihrem Land Gold gab, aber nicht in den von den Spaniern erwarteten Mengen. Sie erzählten jedoch die Legende, wonach beim Volk der Muisca jeder neue Herrscher (ein Fürst) beim Amtsantritt dem Sonnengott ein Opfer darzubringen hatte. Den Leuten war bekannt, dass das Zeremoniell an einem See in den Anden stattfand.

Die Laguna de Guatavita in Kolumbien

Dort wurde der Fürst mit Goldstaub bedeckt; er fuhr dann mit Adligen im Gefolge auf einem Floß auf die Laguna hinaus. Als Opfergabe an den Sonnengott wurden dem Bergsee große Mengen an Gold und Edelsteinen übergeben, und der Fürst wischte sich im Wasser den Goldstaub von seinem Körper ab. Dieser See, später als Laguna de Guatavita benannt, liegt etwa 80 km nördlich der Hauptstadt Bogota etwas abseits in den Bergen. Der Muisca-Herrscher wurde später als El Dorado (= der Goldene Mann) bezeichnet.

Mein Hotelier begleitete mich frühmorgens in Bogota zu einer verkehrsreichen Straße, an der er für mich einen Omnibus der Flota Aguila in Richtung Norden anhielt (Fahrpreis: umgerechnet weniger als 3 DM). Es dauerte lange, bis der Bus aus Bogota heraus war. Neben mir saß zufällig eine Frau aus Guatavita, die ich natürlich bald fragte, ob es dort Möglichkeiten gäbe, mit einem Auto oder Geländewagen zur Laguna de Guatavita, dem See von El Dorado, zu fahren. Sie kannte anscheinend an meinem Zielort jemanden. Nach ein paar Stunden waren wir bereits in Guatavita Nueva. Die Frau vom Nebensitz nahm mich mit zum Einkaufsladen (Panadero), dessen Besitzer ein Geländefahrzeug hatte. Sie redete kurz mit ihm, und dann war sein Sohn bereit, mich für 10.000 Pesos (etwa 20 DM) zur Laguna zu fahren. Wir starteten gleich und waren in weniger als einer Stunde dort, auf rund 3100 m Höhe. Der Kratersee lag innerhalb einer natürlichen felsigen Umgebung; nur an einer Stelle war diese durchbrochen und abgesenkt.

Wir stiegen den Fels hinauf, der teilweise steil und etwas beschwerlich zu erklimmen war. An mehreren Stellen hatte man einen schönen Blick auf den See. Ein vorhandener Durchbruch im Rand des Vulkansees war offenbar nicht auf natürliche Art entstanden, sondern er war Menschenwerk. Denn nicht zu Unrecht wurden auf dem Grund des Sees jede Menge Gold und Edelsteine vermutet. Wegen einer darüberliegenden, meterdicken und steinharten Schlammschicht konnte jedoch kaum etwas von dem Schatz gehoben werden. Im Rahmen dieser Erdarbeiten zur Trockenlegung des Sees rutschten eines Tages umliegende Bergwände ab und begruben angeblich Hunderte von Leuten unter sich. Nach dieser Katastrophe hat man den Kratersee und seinen wohlbehüteten Schatz in Ruhe gelassen.

Angesichts der exotischen Gegend glaubte man es gern, daß sich das vorgefundene Gewässer für feierliche Zeremonien wie die mit dem Goldenen Mann sehr gut geeignet hatte. Das Wasser des Sees war dunkelgrün; an seinem Rand hatte es schöne Blumen, Gräser und Büsche. Außer uns waren nur kurz ein paar andere Leute da, dann war wieder absolute Ruhe. Nach dem beeindruckenden Aufenthalt an dem mythenumrankten Ort kehrten wir nach Guatavita Nueva zurück. Ich machte einen Rundgang durch die im neokolonialen Stil gebaute Ortschaft, die ansprechend aussah. Touristen gab es hier kaum. Am Nachmittag fuhr ein Minibus (eine Buseta) mit etwa 20 Personen in die Hauptstadt zurück. Ich schlief wieder mal fast bis Bogota.

Auf das Erlebnis mit El Dorado konnte nur eines folgen: das Goldmuseum von Bogotá mit wertvollen Schätzen, wie sie wohl keine andere Gold-Kunstsammlung zu bieten hatte. Das Museo del Oro war jedoch nicht etwa überladen mit kunstvollen Gegenständen, sondern es wurden nur ausgesucht schöne und äußerst hochwertige Goldarbeiten der Muisca und anderer indianischer Kulturen präsentiert.

Der Bus nach El Dorado in Venezuela

Der kostbarste Teil des unermeßlich wertvollen Goldmuseums befand sich in einem abgedunkelten Raum, der mit dicken Panzertüren gesichert war und von schwerbewaffneten Soldaten bewacht wurde. Hier wurde auch das goldene Miniaturfloß eines Muisca-Fürsten gezeigt, ebenso andere Kunstwerke aus Gold.

Nach so viel wunderbarem Glanz wirkte die an sich lebendige Hauptstadt doch sehr alltäglich. Aber da die Sonne schien und nur wenig Dunst über dem Häusermeer lag, versäumte ich es nicht, mit der Zahnradbahn auf den Hausberg Monserrate hinaufzufahren, um einen Blick ins Tal von Santafé de Bogotá zu werfen, in dem damals immerhin fünf Millionen Menschen wohnten, in Höhen bis zu 2800 m. Hier oben herrschte angenehme Ruhe, unten im Kessel tobte der aus den Fugen geratene Straßenverkehr. Wer das Gold und die Edelsteine Kolumbiens, insbesondere seine grünglänzenden Smaragde, nicht nur anschauen wollte, fand seinerzeit in Bogotá eine große Schmuckauswahl; selbst für kleinere Reisebudgets gab es schöne bezahlbare Stücke.

Fünf Jahre zuvor, auf meiner zweiten Südamerikareise, war ich 1989 in Venezuela gewesen, bin jedoch nicht aus Kolumbien, sondern aus Brasilien kommend, bei Santa Elena eingereist. Im Bundesstaat Bolivar habe ich einen Ort mit dem wohlklingenden Namen El Dorado aufgesucht. Er war erst vor etwa hundert Jahren gegründet worden und hatte somit nicht unmittelbar mit dem Goldmythos in Kolumbien und dem dortigen "Goldenen Mann" zu tun. Allerdings gab es hier, in der Nähe des venezolanischen El Dorado, ein Goldgräbercamp mitten im Urwald.

Der Wirt des Hotels San Antonio kannte den Weg dorthin. Er brachte mich und einen anderen Gast zum Rio Cuyuni hinunter. Am Ufer warteten Boote, ihre Eigner und auch Führer auf Fahrgäste. Der Hotelwirt handelte für uns den Preis für die Bootsfahrt zum Goldgräbercamp aus. Kurz vor der Ankunft sah man auf dem Fluss eine schwimmende Förder- und Waschanlage, die offenbar goldhaltiges Material professionell aus dem Flussbett herauszog und wusch.

Im Goldgräbercamp bei El Dorado

Kaum an Land angekommen, stießen wir auf eine weitere Goldwaschanlage, die ähnliche Arbeit verrichtete wie diejenige im Rio Cuyuni, nur dass das Material aus dem Hinterland kam, wohin wir uns auf der Pritsche eines Lastwagens auf den Weg machten.

Letzterer war ziemlich holprig, aber wenigstens nicht lang. Das von uns besuchte Camp war eines von mehreren in dieser Gegend und hatte eine Art Dorfplatz mit kleinem Laden und Bar.

Gleich dahinter gelangten wir zu den Bohrlöchern, die 30 und mehr Meter tief waren. In diese ließen sich die Goldsucher (Mineros) an einem Seil hinab und füllten ebenfalls hinuntergelassene Eimer mit Material. Das war bei den hohen unterirdischen Temperaturen eine arg schweißtreibende und Kraft kostende Arbeit. Trotzdem waren die Mineros recht freundlich und gut gelaunt. Sie hatten sich zwecks Vermarktung zu einer Kooperative zusammengeschlossen, die das goldhaltige Land gegen eine Umsatzbeteiligung zur Verfügung stellte. Die Benutzung der Goldwaschanlage musste von den Mineros allerdings extra bezahlt werden.

Bei Rückkehr nach El Dorado wurden wir von der örtlichen Polizei (ohne Erfolg) gefilzt, und der uns begleitende Führer wollte mehr Honorar als vereinbart - keine angenehmen Erlebnisse am Ende des Besuchs in der sonst eher freundlichen Ortschaft und dem interessanten Goldgräbercamp, das seinem Namen alle Ehre machte.

Pozuzo und Tovar
Zwei deutschsprachige Dörfer in Südamerika

Bereits vor meiner dritten Südamerika-Reise 1994 war mir klar, dass ich Pozuzo in Peru und Tovar in Venezuela besuchen würde. Und zwar den einen Ort zu Beginn, den anderen am Ende meiner Fahrt.

Pozuzo in Peru, von Tiroler Siedlern gegründet

Beides sind Siedlungen, die von Österreichern und Deutschen Mitte des 19. Jahrhunderts gegründet wurden. Sie haben die Kultur ihrer Herkunftsländer bis ins 21. Jh. hinein gepflegt und tun dies immer noch, vor allem im Hinblick auf die deutsche Sprache. Die älteren Bewohner dieser zwei Ortschaften sprechen - neben Spanisch - weiterhin ihren heimatlichen Dialekt: in Pozuzo vor allem die Tiroler Mundart (im benachbarten Ortsteil Prusia die rheinländische Sprache); in der Colonia Tovar Deutsch in alemannischer Ausprägung.

Sowohl Pozuzo als auch Tovar sind exotische und schon von daher bemerkenswerte Dörfer, über die es sich zu berichten lohnt, auch aufgrund ihrer ähnlichen Besiedlungsgeschichte. Wie sind sie zu dem geworden, was sie nach etwa 150 Jahren, zur Zeit meines Besuchs, gewesen sind? Kann man Vergleiche zwischen ihnen ziehen?

Typisches Auswandererhaus in Pozuzo

Ich hatte im November 1994 das Glück, dass der damalige Südtiroler Pfarrer von Pozuzo, Pater Hubert (dort Padre Umberto genannt) im gleichen Flugzeug wie ich von München nach Lima flog. Somit konnte ich mich schon vor Ankunft in Peru über die Verhältnisse in dem weit von Lima entfernten, hinter den Anden im Urwald liegenden Ort Pozuzo informieren.

Padre Umberto erzählte, dass er seit mehr als 20 Jahren als Priester in Peru tätig war. Auf seiner jetzigen und letzten südamerikanischen Berufsstation war er nach Pozuzo gekommen. Er erklärte mir, wie man von Lima aus am besten dorthin kam. Vor meiner Abreise nach Pozuzo traf ich in Lima noch den Bürgermeister der Ortschaft, Josef Müller, der gern gesehen hätte, dass der Tourismus in seinem Dorf stärker Fuß fasst. Als ich gegen Abend zu dem Busunternehmen Expreso Moderno kam, wartete dort bereits der Schullehrer Wilfredo aus Prusia, der Nachbargemeinde von Pozuzo, auf die Abfahrt.

Es folgte eine lange und kalte Busreise, die in etwa 18 Stunden über den höchsten Andenpass Südamerikas, den Ticlio mit 4843 m, sowie über La Oroya und Tarma nach Oxapampa führte. Dort musste in einen Kleinbus umgestiegen werden, der die letzten 60 km auf einer unbefestigten Straße in rund vier Stunden nach Pozuzo fuhr. Für diesen weiten Weg hatten die ersten Siedler anno 1857 fast zwei Jahre gebraucht, um in ihr "Tal der Verheißung" zu gelangen und dort ihre Gemeinde im gerodeten Urwald zu gründen (mit weniger als 200 Leuten).

Pozuzo machte 1994 einen idyllischen Eindruck, mit seiner alten und neuen Kirche sowie seinen im Tiroler Baustil errichteten Häusern. Und seinen Einwohnern, die zum Großteil Deutsch mit vorderösterreichischem Klang sprachen. Eine alte Tirolerin und frühere Dorflehrerin vermietete mir ein Zimmer in ihrer Pension. Sie gab immer noch Deutsch- und Musikunterricht und wohnte im Zentrum neben dem Haus des Bürgermeisters und des Museo Schafferer, in dem Pozuzos Werdegang dargestellt wurde. Zwei Kinder führten mich auf eine Anhöhe, von der ich das grüne Tal des Huancabamba-Flusses, die ganze Ortschaft und die sie umgebenden Berge gut erkennen konnte - ein schöner Anblick.

Da ich noch eine lange Reise durch Südamerika vor mir hatte, konnte ich nur wenige Tage hierbleiben. Der gut deutsch sprechende Lehrer Wilfredo, der auch Chefredakteur der zweisprachigen Zeitschrift "Despertar Pozucino" war, führte mich durch die beiden benachbarten Dörfer Pozuzo und Prusia. Er vermittelte mir kurze Gespräche mit älteren, ebenfalls deutschsprachigen Bürgern, die aus ihrem Leben in diesen inzwischen mehr als tausend Einwohner umfassenden zwei Orten erzählten, auch von ihren früheren mehrtägigen Fußmärschen in die nächstgrößere Ortschaft Oxapampa.

Dorthin verbrachte mich schließlich in aller Herrgottsfrühe erneut ein Kleinbus und danach ein Omnibus zurück nach Lima, wo ich in einem Ordenshaus der Franziskaner-Schwestern übernachten konnte; sie kannten Pozuzo sehr gut, aus eigener Erfahrung und Tätigkeit. Nach einem Besuch des Goldmuseums verließ ich die Hauptstadt Perus auf der Panamericana in nördlicher Richtung, um - durch das Hochtal von Huaraz und über Trujillo - nach Ecuador zu kommen.

Über Guayaquil und Quito sowie Bogota in Kolumbien gelangte ich schließlich nach Caracas in Venezuela und zur Colonia Tovar, der Schwesterstadt von Pozuzo. Zwischen beiden Orten lagen mehrere tausend Kilometer und rund drei Wochen, während derer ich mit Bahn, Bus und Taxi den erwähnten langen Weg zurückgelegt hatte. Die Reise sollte sodann in Tovar einen freundlichen Abschluss erfahren.

Im Gegensatz zu Pozuzo ist (die Colonia) Tovar lediglich 60 km von der Hauptstadt des eigenen Landes entfernt. Der Ort wurde etwas früher als Pozuzo, nämlich 1843 gegründet. Obwohl er nahe bei Caracas liegt, lebte man dort bis 1963 ziemlich weltabgeschieden. Denn erst 120 Jahre nach seiner Gründung wurde Tovar durch eine asphaltierte Straße mit der

Hauptstadt verbunden. Daraufhin setzte, besonders an den Wochenenden, ein relativ starker Tourismus ein, der den Ort einigermaßen wohlhabend machte.

Jedoch war aller Anfang recht schwer gewesen. Die rund 400 Badener, die die Ortschaft in etwa 1800 m Höhe gründeten, standen anfangs vor dem Nichts. Sie hatten ihre Heimat im Breisgau aus purer Not verlassen und waren ab Le Havre mit einem Segelschiff zur venezolanischen Hafenstadt La Guaira gekommen. Nach überstandener Pockenkrankheit und mehrwöchiger Quarantäne auf dem Schiff waren sie auf beschwerlichem Weg in die ihnen versprochene urwaldartige Gegend gelangt. Wie die Pozuziner in Peru, so mussten sie ihre neue Heimat ebenfalls aus eigener Kraft aufbauen, was ihnen dank ihrer Beharrlichkeit auch gelang. Sie hielten wie die peruanische Partnergemeinde ihre Sitten und Gebräuche, vor allem aber die deutsche Sprache in alemannischer Mundart, aufrecht. Im Laufe der Zeit bekamen sie einige Unterstützung aus der Kaiserstühler Gegend, ihren früheren Heimatgemeinden, insbesondere aus Endingen.

Als ich im Dezember 1994 nach Caracas kam, nahm ich vom Busterminal Nuevo Circo ein Sammeltaxi (Porpuesto) in das auf halber Strecke liegende El Junquera, von dort einen Minibus zur Colonia Tovar, was insgesamt nur drei Studen dauerte (zum Vergleich: nach Pozuzo war ich von Lima aus rund 24 Stunden unterwegs gewesen).

Colonia Tovar in Venezuela - ein badisches Dorf

Ich konnte zwischen mehreren, von Deutschstämmigen geführten Hotels wählen und übernachtete im "Bergland", wo es auch gutes badisches Essen gab (Sauerbraten mit Spätzle und Rotkohl). Am Nachmittag war ich bei der Familie Pablo Dürr zu Kaffee und Kuchen eingeladen. Sie erzählten ihre Familiengeschichte und wie es sich in Tovar in den vergangenen Jahrzehnten leben ließ. Danach besichtigte ich die Ortschaft, die aus einem Ober- und Unterdorf besteht; dazwischen liegt der Friedhof. Oben befand sich die Hauptgeschäftsstraße, unten die Kirche, Souvenirläden und Gaststätten.

Im Hotel Bergland hätte ich es noch länger ausgehalten; hier gab es auch das deutsch-spanische "Boletin de la Colonia Tovar". Trotzdem musste ich bald nach Caracas zurückkehren. Frau Dürr nahm mich in ihrem Auto dorthin mit, nachdem ich noch eine Art Ortsgeschichte als Buch erworben hatte. In Caracas wohnte ich im Hotel Esparta Nueva im Viertel Gran Sabana. Einige Tage später, nach dem Besuch von Los Teques und seiner Schmalspurbahn, machte ich mich auf den Heimflug nach Deutschland.

Um das Bild von Tovar zu vervollständigen, möchte ich kurz erzählen, wie ich bereits auf meiner 2. Südamerika-Reise 1989 einmal in diesen schönen Ort gekommen bin. Damals bin ich über Brasilien - ebenfalls auf dem Landweg - bei Santa Elena nach Venezuela eingereist, habe in Ciudad Bolivar den Orinoco überquert und erreichte von Caracas aus die Colonia Tovar, von der ich mir seinerzeit einen ersten kleinen Einblick verschaffen konnte.

Auch damals gings über El Junquera, wo ich in ein anderes Sammeltaxi umsteigen musste. Dieses war nur halb besetzt, und es wollte erst abfahren, wenn alle Plätze belegt waren. Da ich nicht so lang warten konnte, bezahlte ich die sechs freien Sitze mit (6 x 15 = 90 Bolivares, umgerechnet 3,60 DM) - und der Kleinbus fuhr los. In einer guten Stunde erreichte er Tovar, wo er eine Art Dorfrundfahrt bis zu seinem Endhalteplatz machte. Mir blieb an diesem Tag nur Zeit für eine Kurzbesichtigung der freundlichen Ortschaft, aber ich hatte die Absicht, zu einem anderen Zeitpunkt zurückzukommen und sie mir ausgiebiger ansehen würde. Fünf Jahre später war es schon soweit (s.o.).

Dass ich auch im Jahr 2000 in Tovar wieder Zwischenstation machen würde, hätte ich nicht gedacht. Aber nach meiner Fahrt durch Mittelamerika mit Endpunkt Panama war Caracas - und damit für mich auch Tovar - ein idealer Ausgangspunkt für die Rückreise nach Deutschland. Dazu kam der glückliche Umstand, dass ich die dortige Freundin Lesly einer deutschen Kollegin, Belinda, in ihrem Privatauto auf diesem Ausflug zu einer "deutschen Insel im venezolanischen Meer" begleiten konnte - ein erfreulicher Abschluss einer spannenden Lateinamerikareise.

Höchste Eisenbahn in Peru
Im Tren Central über den Anticona-Pass

Als ich 1981, vor gut 40 Jahren, von Perus Hauptstadt Lima über die Anden nach La Oroya fuhr, überquerte ich den damals höchsten Eisenbahnpass der Welt. Der Zug erreichte im Bahnhof La Galera, einer Tunnelstation, die Höhe von 4781 m. Das war für mich ein denkwürdiges Ereignis. Allein das sich Bewegen im Gang des Zugabteils war mit Anstrengung verbunden, es fühlte sich an wie bei heftigem Gegenwind. Einige Reisende waren bereits vorher von der Höhenkrankheit (Soroche) befallen worden und mussten von einem mitfahrenden Sanitäter über eine Art Blasebalg mit Sauerstoff beatmet werden. Für sie war es "höchste Eisenbahn", um einen Ohnmachtsanfall zu vermeiden. Der Bahnsanitäter hatte viel zu tun, um das Schlimmste zu verhindern.

Parallel zur Eisenbahnlinie führte die Nationalstraße Nr. 22 noch etwas höher hinauf, auf 4818 m, wie ein Schild anzeigte - über den Ticlio-Pass (auch Abra de Anticona genannt). Diesen befuhr ich auf der Rückreise mit einem Omnibus, der solche Hochstraßen anscheinend gewöhnt war.

Die Andenfahrt hatte frühmorgens um 7 Uhr am Bahnhof Estacion Desampaderos in Lima begonnen.

Dieser liegt unweit der zentralen Plaza de Armas und dem Präsidentenpalast. Die Fahrkarte für den damals täglichen Zug zur Endstation Huancayo oder einen anderen Gebirgsbahnhof konnte erst kurz vor der Abreise gekauft werden. Reservierungen gab es keine, verspätete Reisende konnten es ja tags darauf mit etwas früherem Anstehen wieder versuchen.

Ein Zug der peruanischen Eisenbahn in den Anden

Die ersten rund 50 km ging es zunächst durch die vielen Vororte von Lima, dann weiter durch Flachland, entlang des Rio Rimac. Erst ab Chosica begannen die Steigungen. Sie führten durch teils malerische Ortschaften mit wohlklingenden Namen wie San Bartolomé, Matucana oder San Mateo (3165 m).

Die seinerzeitige Reise auf der damals weltweit höchsten Eisenbahnstrecke unternahm ich an einem einzigen Tag durch. Um dies machen zu können war ich nur bis La Oroya gefahren, einer Bergwerk-Stadt an der Ostseite der Anden auf etwa 3750 m. Die Gesamtstrecke der peruanischen Zentralbahn (Ferrocarril Central Andino) führte bis nach Huancayo, rund 330 km von Lima entfernt; nach La Oroya waren es etwa 220 km. Bis dahin brauchte der Zug rund sechs Stunden und musste sieben Spitzkehren, sog. Zigzags überwinden. Die gesamte Bahnlinie querte über 60 Brücken und fuhr durch 68 Tunnels - da gabs einiges Interessante zu sehen. Kaum zu glauben, dass Kinder auf solchen Höhen in den Dörfern noch Fußball spielen konnten.

Seit 2006 hat die Zentralbahn ihren Titel als "höchste Eisenbahn der Welt" verloren. Denn am 1. Juli jenes Jahres wurde die Tibet-Bahn eingeweiht, die auf knapp 2000 km Länge von Xining nach Lhasa fährt und dabei den Tanggula-Pass (mit gleichnamigem Bahnhof) auf 5068 m überquert. Aber La Galera in Peru ist immer noch der höchstgelegene Bahnhof Südamerikas; diesen Rang wird er vermutlich auf Dauer behalten.

Auch wenn die gut ausgebaute und asphaltierte Ruta Nacional No. 22 über weite Strecken die Bahntrasse in Sichtweite begleitet, hat sich letztere noch längst nicht überflüssig gemacht. Denn auf ihr fahren täglich Güterzüge, beladen mit Erzen und anderen Bodenschätzen, von La Oroya oder Cerro de Pasco (4328 m) ans Meer hinunter, über Lima zum Pazifikhafen Callao.

Die peruanische Zentralbahn auf über 4000 m Höhe

Vom Verkehrsknotenpunkt La Oroya zweigen nicht nur zwei Bahnlinien nach Cerro de Pasco und Huancayo (3260 m) ab, sondern auch Straßen, etwa nach Tarma und weiter in Richtung Amazonas-Tiefland. Ab Huancayo führt eine früher schmalspurige, inzwischen normalbreite Strecke zur Endstation Huancavelica (3680 m). Von dort gehts auf weniger guter Landstraße auf der Andenhochebene weiter nach Ayacucho, in deren gleichnamiger Provinz früher die Terroristen des Leuchtenden Pfads ihr Unwesen trieben. Ursprünglich wollte ich auch auf diesem Weg meine Reise zum Titicaca-See fortsetzen. Ein Gespräch mit der Deutschen Botschaft in Lima brachte mich aber von dieser Idee ab; dort schätzte man die Gegend damals nämlich als brandgefährlich ein.

Die Straße von La Oroya über Tarma und Oxapampa ging auf 750 Höhenmeter hinunter und endete im tropischen Dschungel um die Ortschaft Pozuzo. Dieses "Tiroler Dorf" war 1859 von einigen hundert österreichischen und deutschen Aussiedlern gegründet worden - unter schwierigsten Bedingungen, aber auf Einladung der peruanischen Regierung. Sie brauchten Jahre, um den Ort aufzubauen und durch Rodung landwirtschaftliche Nutzfläche zu gewinnen. Erst nach Jahrzehnten gelang es den Pozuzinern, über 80 Kilometer eine befahrbare, wenn auch unbefestigte Straße nach Oxapampa zu bauen und damit eine ordentliche Verbindung zur Außenwelt herzustellen. Auf diesem Weg konnten sie in wenigen Stunden eine Stadt besuchen, während sie zuvor hierfür mehrere Tage durch den Busch hatten marschieren müssen (Anmerkung: Auf meiner dritten Südamerikareise, 13 Jahre später, habe ich dieser weiterhin deutschsprachigen Siedlung im Urwald einen Besuch abgestattet).

Aber nochmal zurück nach La Oroya. Nach meiner Ankunft am Bahnhof etwa um 13 Uhr erkundigte ich mich nach den Rückfahrtzeiten zur Hauptstadt, jedoch noch am gleichen Tag. Es gab tatsächlich mehrere Möglichkeiten, sowohl mit Bussen als auch mit Sammeltaxis, letztere meist große amerikanische Pkw.

Viel los an einem Gebirgsbahnhof

Ich entschied mich später für einen Omnibus; zunächst machte ich noch einen kurzen Stadtrundgang. Der Ort mit rund 12.000 Einwohnern machte einen seltsamen Eindruck. Und dies vor allem aufgrund der weißgefärbten Bergwände, die um ihn herum aufragten. La Oroya war nämlich ein Bergbauzentrum, das von den hier geförderten, auf Züge geladenen und talwärts gefahrenen Bodenschätzen geprägt wurde. Darunter waren auch Stoffe, die in großen Mengen weißen Staub entwickelten, der sich an den Berghängen ablagerte; er sah aus wie Schnee. Faszinierend anzusehen, aber sehr ungesund.

Halt im Anden-Bahnhof von La Oroya

Auf dem Bahnhofsgelände von La Oroya stand auch eine herausgeputzte Museums-Dampflok, fast hundert Jahre alt und ein Schmuckstück. Arbeiter fuhren auf einer Art Draisine herum. Ich nahm noch eine kleine Mahlzeit ein, denn auf der mehrstündigen Talfahrt würde es keine Einkehr in einer Gastwirtschaft geben. Schließlich ging ich zu einem demnächst abfahrenden Bus, der mich talwärts nach Lima zurückbringen sollte. Er fuhr bald ab, und fast genauso schnell schlief ich ein. Mit nur kurzen Ruheunterbrechungen kamen wir bei Dunkelheit in der Hauptstadt an. An der Plaza de Armas wurde ich vom Fahrer geweckt; es war fast kein Fahrgast mehr im Omnibus. Schlaftrunken wankte ich zu meinem Hotel im Stadtzentrum. Ein langer, erlebnisreicher Tag ging zu Ende. Dies war aber nur der Anfang meiner ersten Südamerikareise gewesen...

Die Fahrt ging nämlich weiter: von den höchsten Andenpässen hinunter und am Pazifik entlang, teils auf Meereshöhe, zu den Dünen bei Ica und den Nazca-Linien in der Wüste. Dann führte der Weg wieder hinauf ins Gebirge - nach Abancay und Puno am Titicaca-See auf über 3800 m, später nach La Paz in Bolivien und danach in Chile auf der panamerikanischen Fernstraße nach Santiago. Schließlich gings erneut über die Anden, diesmal nach Mendoza und Buenos Aires in Argentinien.

Der Titicaca-See, La Paz und Arica
Von Peru nach Bolivien und Chile

Auf meiner ersten Südamerika-Reise gab es einen Fahrtabschnitt auf der Hochebene des Altiplano, wo ich mit der peruanischen Südbahn (Ferrocarril del Sur) zum Titicaca-See nach Puno unterwegs war. Davor bin ich mit der Zentralbahn von Lima über den rund 4800 m hohen Ticlio-Pass nach La Oroya gereist und später auf einer Schmalspur-Bahnstrecke von Cuzco nach Machu Picchu. Damals (1981) waren noch ziemlich wenig Touristen mit der Eisenbahn durch die Anden und zum Lago Titicaca unterwegs. Die Hafenstadt Puno war ein optimaler Ausgangspunkt, um den schönen See und seine Inseln und Ufer zu erkunden.

Auf dem Altiplano in Richtung Puno / Peru

Dazu schloss ich mich einigen anderen Reisenden aus Deutschland und Österreich an; zusammen mieteten wir ein kleines Motorboot, samt zwei Mann Besatzung. Nur einige Kilometer von Puno entfernt besuchten wir ein Dorf der Uros-Indianer auf ihren schwimmenden Inseln. Auf diesen aus Schilf hergestellten Eilanden hatten die Uros ihre Hütten errichtet. Per Boot vorbeikommende Touristen wie wir kauften ihnen ihre selbst hergestellten Souvenirs ab. Nächstes Bootsziel war die weiter draußen liegende etwa 12 km² große Isla Taquile. Wir wanderten über einen Hügel auf die andere Seite der malerischen Insel, wo wir von unserem Boot abgeholt wurden. Bei der Wanderung merkte man deutlich, dass man sich am Titicaca-See auf mehr als 3800 m Meereshöhe befand und man sich nicht mehr ganz so leicht fortbewegte. Mitten durch ein heftiges Gewitter hindurch, mit entsprechendem Wellengang, kehrten wir nach Puno zurück.

Anderntags ging es, teils am See entlang, über Yunguyo nach Copacabana; zwischen beiden Orten musste die bolivianische Grenze überquert werden, wobei erstaunlicherweise nicht einmal das Gepäck kontrolliert wurde. Copacabana war damals ein Geheimtipp für Rücksack-Touristen, außerdem ein Wallfahrtsort der Indios. Sie pilgerten dort zur Basilica de la Virgen morena (der Hl. Jungfrau Maria). Da am

Abend kein Bus mehr ins gut 100 km entfernte La Paz fuhr, übernachteten wir im Schlafsaal eines Hostals.

Der Küstenort Copacabana, auf einer Halbinsel gelegen, konnte über eine Engstelle des Titicaca-Sees (Estrecho de Tiquina) verlassen werden. Zwischen den Uferdörfern San Pablo und San Pedro de Tiquina, die knapp einen Kilometer auseinander lagen, verkehrten seinerzeit kleine Fährschiffe, sowohl Personen- als auch Autofähren. Den Bus mussten die Passagiere vor dem Übersetzen sicherheitshalber verlassen und sich auf eine anderes Boot begeben. Eine gute Viertelstunde später war man am jenseitigen Seeufer. Mit dem Omnibus gings sodann auf der Ruta 2 über den Altiplano in Richtung La Paz weiter. Den Regierungssitz Boliviens (Hauptstadt ist Sucre) erreichten wir nach etwa vier Stunden. Die Hochebene endet in rund 4100 m Höhe ziemlich abrupt vor einem Talkessel, an dessen Hängen sich die Stadt bis auf 3200 m hinunterzieht. Dem Besucher bot sich von oben ein grandioser Anblick auf ein riesiges Häusermeer, das seinesgleichen weltweit sucht. Über viele Serpentinen gelangte man schließlich, einige hundert Meter tiefer, zum Stadtzentrum und zur Altstadt.

La Paz ist schon aufgrund seiner einmaligen Lage, die allenfalls noch mit Bogotá zu vergleichen ist, eine bemerkenswerte Großstadt mit etwa 750.000

Einwohnern. Aber allein das Herumgehen bereitete eine gewisse Anstrengung, so etwa das Aufsuchen der Sehenswürdigkeiten. Dazu zählten insbesondere die Basilika San Francisco aus dem 16. Jh. und die Kathedrale an der Plaza Murillo, aber auch verschiedene Märkte, wie der Mercado artisanal mit kunsthandwerklichen Sachen, der Mercado de las Bujas (Hexenmarkt) und der Mercado negro (schwarzer Markt) sowie das Coca-Museum. Der Mate-Tee aus Coca-Blättern ist das hiesige Nationalgetränk; gegessen werden gern würzige Saltenas (Empanadas-Teigtaschen). Im übrigen wohnten die begüterteten Einwohner möglichst unten im etwas kühleren Talkessel, die ärmeren Leute weiter oben am Hang.

La Paz wird von den vier schneebedeckten Gipfeln des Illimani mit bis zu 6439 m Höhe überragt. Wer kein Bergsteiger ist, kann sich immerhin an einen der zwei Gipfel des Hausbergs der Stadt, den Chacaltaya mit etwa 5400 m, heranwagen. Ich bin mit einem Kleinbus des bolivianischen Andenvereins (Club Andino) ziemlich weit hinaufgefahren und das letzte Stück, teils durch Schneefelder, mit einiger Mühe zum Gipfel aufgestiegen. Die fantastische Aussicht, bis zum Titicaca-See hinüber und zu den Sechstausendern Illampu und Huayna Potosi, war die Anstrengung wert gewesen. Der Chacaltaya war der höchste Berg, den ich je bezwungen habe. Einige Skifahrer frönten dort oben ihrem Sport, ein mitgekommener Priester feierte hier in dünner Luft sogar eine Messe.

Bus und Fähre am Titicaca-See / Bolivien

Das Umland von La Paz hat einige interessante Sehenswürigkeiten zu bieten. Eine bedeutende archäologische Ruinenstätte ist Tiahuanaco, die aus vorkolumbianischer Zeit stammt und in Südamerika in eine Reihe mit Machu Picchu gestellt wird; sie liegt an der Ruta 1, nur 75 km von La Paz entfernt auf 3860 m Höhe. Bekannt sind vor allem das Sonnentor, das etwas abseits gelegene Mondtor, der halb unterirdische Tempel sowie eine Anzahl Monolithen und kleinere Steinfiguren. Das sog. Mondtal (Valle de la Luna) südöstlich von La Paz und mit einem Minibus oder Taxi erreichbar, ist eine weitere Attraktion. Es besteht aus einer bizarren Ansammlung von tausenden Felsen, Säulen, Türmen, Spalten, Kratern und sogar Pyramiden, die alle durch Erosion in Millionen Jahren entstanden sind. Wind und Wetter haben diese Mondlandschaft so eigentümlich geformt, und sie erschien in recht unterschiedlichen Farben.

Von La Paz aus wäre ich am liebsten mit dem Zug zur chilenischen Pazikikküste hinuntergefahren. Denn die Andenmetropole hatte tatsächlich eine direkte Eisenbahnanbindung an die Hafenstadt Arica in Chile. Bedauerlicherweise fuhr aber während meines dortigen Aufenthalts kein Personenzug zum Meer (Abfahrt nur zweimal monatlich). Der öffentliche Straßenverkehr bestand aus einem einzigen wöchentlichen Omnibus vom Zentralbusbahnhof aus. Es blieb mir nur diese Busverbindung für die von der Flota Litural betriebene Fahrt, die 12 Stunden dauern sollte.

Von La Paz bis Arica wären es mit der Bahn 450 km gewesen, auf der Straße waren es (auf der Ruta 4 in Bolivien, der Ruta 11 in Chile) 490 km. Bis zur Grenze fuhr man jedenfalls über den hochgelegenen Altiplano, teils auf pistenartigen Wegen. Diese führten sogar auch mal durch Fluss- oder Bachbetten, in denen der überlange Omnibus, der erstmals anstelle eines Kleinbusses eingesetzt wurde, machmal mit dem Heck aufsetzte. Danach waren die teils eingeschlafenen Fahrgäste wieder hellwach, ich auch. So ging es dahin, vorbei an nicht weit entfernten, schneebedeckten Andengipfeln der Kordilleren - ein sehr schöner Anblick. Schließlich erreichten wir den Grenzübergang beim bolivianischen Ort Tambo Quemado in 4350 m Höhe. Dies war seinerzeit der wichtigste Übergang nach Chile. Die Personen- und Gepäckkontrolle dauerte bis zum Abend, so dass an diesem Tag diesseits der Grenze im schauderlich kalten Bus übernachtet werden musste. Dies auch deshalb, weil der Fahrer nicht die für diesen großen Omnibus erforderlichen Fahrzeugpapiere dabei hatte.

Blick vom Chacaltaya auf den Huayna Potosi (6088 m)

Am nächsten Morgen schien zwar die Sonne zum Aufwärmen, und die Fünf- und Sechstausender glänzten in ihrem Licht - aber die Bürokratie samt Warterei ging weiter. Davon hatte ich nun genug, und ich fragte bei ebenfalls wartenden Lkw-Fahrern nach, ob mich einer in Richtung Arica mitnehmen würde. Ich fand tatsächlich einen netten Trucker, der mich als Beifahrer akzeptierte. Jetzt musste ich nur noch die Einreisehürde nach Chile nehmen. Da mit Pass und Gepäck alles in Ordnung war, konnte ich jenseits der Grenze den Lastwagen besteigen. Wir überquerten den Paso Chungara auf chilenischer Seite - mit einer Passhöhe von 4660 m, kaum zu glauben! Ab hier ging es überwiegend abwärts auf etwas besserem Straßenbelag - bis es einen Knall tat und der Lkw stehenblieb. Wir besahen uns die Bescherung: die Kardanwelle war heruntergekracht! Die Reparatur würde ihre Zeit dauern, und ich konnte dem freundlichen Lkw-Fahrer dabei leider nicht behilflich sein. Wir verabschiedeten uns, und ich versuchte mein Glück (erneut) als Tramper...

Es herrschte wenig Verkehr, aber irgendwann hielt doch ein Pritschenwagen an, der mich mitnahm. Jedoch nur ein Stück weit, bis er von der Durchgangsstraße abbog und ich wiederum eine Mitfahrgelegenheit brauchte. Und siehe da, nach einer weiteren Stunde kam tatsächlich ein Bus des Weges -

und hielt sogar an! Kaum zu glauben: es war mein Omnibus, mit dem ich tags zuvor La Paz verlassen hatte - und ihn heute Vormittag an der bolivianischen Grenze. Die Überraschung war beiderseits groß, ich wurde herzlich begrüßt und natürlich bis nach Arica am Pazifik mitgenommen.

In der "Stadt des ewigen Frühlings", wie Arica auch genannt wird, kamen wir im frühabendlichen Sonnenschein schließlich erleichtert an. Aus der üblichen Fahrtzeit von 12 Stunden waren jedoch 36 geworden. Es war somit erst recht schön, nach Wochen das Meer, den Stillen Ozean, zu sehen und noch einen Spaziergang durch die Innenstadt und zur Catedral de San Marco zu machen. Bald würde es auf der Carreterra Panamericana weitergehen, zur gut 2000 km südlich gelegenen Hauptstadt Santiago de Chile...

Guatemala - Unterwegs mit dem Güterzug
Von der Hauptstadt in Richtung Karibik

In Guatemala wurden schon früh (teils im vorletzten Jahrhundert) zwei wichtige Bahnstrecken gebaut: die eine führte von der Hauptstadt an die Pazifikküste hinunter nach Tecun Uman, die andere in Richtung Atlantik nach Puerto Barrios am Golf von Honduras. Um also auf die Bahn zu stoßen, fuhr ich, aus Mexiko kommend, auf direktem Weg nach Guatemala-Stadt, hatte zuvor aber den Grenzübergang zwischen Cuauhtemoc und La Mesilla zu passieren.

Der Güterzug passiert eine Holzbrücke

Mein Omnibus fuhr bis zum mexikanischen Ausreiseposten und drehte dort um; die Grenzer erledigten ihren Dienst erstaunlich flott. Ein amerikanisches Oldie-Taxi brachte mich und fünf Busmitfahrer für je einen Dollar zur guatemaltekischen Abfertigungsstelle. Während die Begleiter allesamt nach Panajachel, einem früheren Hippie-Städtchen am Atitlan-See wollten, war mein heutiges Reiseziel die Hauptstadt (im März 2000).

Gegen Mittag verließ der nächste Bus La Mesilla - mit mir als vorerst einzigem Passagier! Doch als sog. Lumpensammler füllte er sich nach und nach, bis er bei Huehuetenango unerwartet abbog. Kurz davor wurde ich hinauskomplimentiert und zum Umsteigen in einen anderen Bus gebeten, der direkt nach Guatemala-Stadt unterwegs war. Mein Fahrgeld wurde auf die Schnelle zwischen den Fahrern verrechnet, meine Reisetasche von einem Dach aufs andere umgeladen - na sowas, ich wusste erst gar nicht, wie mir geschah. Hauptsache, ich erreichte nach mehrstündiger Fahrt die Hauptstadt. Der Busfahrer hielt für mich noch ein Taxi ins Zentrum an, das mich zu einem Hotel in der Nähe der Kathedrale brachte. Die Gegend wirkte ziemlich heruntergekommen, aber es war immerhin viel Polizei präsent.

Bei der Deutschen Botschaft informierte ich mich über das hiesige Verkehrswesen. Die Sekretärin vereinbarte für mich auch einen Besprechungstermin mit Senor

Fernandez, dem Vertreter der amerikanischen Eisenbahngesellschaft RDC (Railroad Development Company) in Guatemala, die ich noch am gleichen Tag aufsuchen konnte. Sr. Fernandez ließ mich einen ausgiebigen Blick auf das Gelände des Hauptstadtbahnhofs werfen. Dieses erschloss sich auf einer mir offerierten Fototour wie eine Mischung aus Eisenbahnparadies und Bahnfriedhof. Ein Ingenieur erzählte mir, bei seiner Ankunft vor ein paar Jahren sei hier alles zugewachsen und überwuchert gewesen. Eine Baldwin-Lok wurde mir als einzige betriebsbereite Dampflokomotive vorgestellt. Sie wurde gelegentlich für Sonderfahrten mit Eisenbahnfreunden an die Karibikküste eingespannt. Einige guterhaltene Dieselloks standen ebenfalls herum.

Nach dem Rundgang traf ich mich mit den leitenden Bahnleuten, darunter dem US-Chef der Bahnverwaltung, Jorge. Es wurde darüber berichtet, dass die amerikanische RDC die einheimische Bahn FEGUA vor drei Jahren zu großen Teilen übernommen hatte. In Guatemala wurde derzeit praktisch nur die Verbindung zum Atlantikhafen Puerto Barrios im Güterverkehr bedient; die Personenbeförderung sei unrentabel.

Für mich war dieser 15. März ein besonderer Tag: Ich konnte für einen Bericht in Eisenbahnzeitschriften mit einem Bahnbautrupp in Richtung Atlantik fahren und dabei Aufnahmen machen. Ich hätte sogar bis Puerto Barrios mitkommen können, was 15 Stunden gedauert hätte, entschied mich aber für ein Teilstück in Richtung El Progreso. Um 7 Uhr früh war ich startbereit am Bahnhof von Guatemala-Stadt. Vor der Abfahrt gabs noch ein Gruppenfoto mit dem Lokführer, seinem Co-Piloten, Jorge und Sr. Fernandez.

Die Bahnarbeiter machen eine Fotopause

Heute ging es mit einem Extra-Zug, bestehend aus einer 800 PS-Diesellok, vier offenen Güterwaggons und einem Kabuse-Wagen, in Richtung Nordwesten. Die Waggons waren mit Holzschwellen beladen, die großteils zu einer Brücke weit außerhalb der Stadt verbracht werden sollten. Innerorts war der Zug sehr langsam unterwegs - nicht umsonst angesichts des lebhaften Straßenverkehrs im Gleisbereich. Auch außerorts war Vorsicht geboten, denn kein einziger Bahnübergang war beschrankt. Folglich gab der Lokführer ständig Klingel- und Glockenzeichen, zudem hupte er fast andauernd. Viele Häuser standen ganz nah an der Strecke; es ging auch durch armselige Dörfer mit windigen Hütten. Kaum hatten wir die Stadt verlassen, hielt der Zug an einem kleinen Haus, in dem die Besatzung verschwand und kurz darauf jeder mit einer Brotzeit wieder herauskam.

Die Strecke führte selten geradeaus; sie war sehr kurvig, ging an Berghängen entlang und durch einige Einschnitte in den Fels; auch ein paar Tunnels wurden durchquert und eine ganze Reihe waghalsiger Brücken überfahren. Wir kamen durch Aguas Calientes, wo auch die Straße nach Puerto Barrios durchführte. Einige Kilometer später stießen wir auf die oben erwähnte Brücke, für die wir das meiste Holz anlieferten. Extra für mich fuhr der Lokführer einmal hin und her, während ich von einem Aussichtspunkt aus vom Zug samt Überführung Fotos machen konnte. Die Arbeiter machten zwischenzeitlich Mittag, dann wurde das Holz abgeladen. Es war ziemlich heiß, aber oben in der Kabuse ließ es sich im Schatten und bei Durchzug einigermaßen aushalten.

Vor einer weiteren Brücke wurde erneut Halt gemacht. Ich ging zu Fuß hinüber - sie war ewig lang, ohne Geländer und offen zwischen den Schwellen! Der Zug kam nach, ich konnte ihn beim Drüberfahren wieder fotografieren. Unterwegs warfen Kinder Steine auf den Zug. Einmal kamen wir um eine Kurve herum, da lagen drei große Steinbrocken auf den Schienen; dazwischen stand ein Koffer. Der Lokführer konnte nicht mehr rechtzeitig bremsen, es krachte ordentlich, aber der Zug entgleiste nicht. Manchmal befanden sich Pferde, Hunde und andere Tiere auf den Gleisen; Hunde waren besonders wütend auf die Bahn und bellten ihr lange nach. Zurück am Bahnhof, war das Tor quer über die Schienen schon verriegelt, wurde dann aber doch noch geöffnet. Der heutige Tag auf der Atlantikbahnstrecke war sehr unterhaltsam und ungemein aufschlussreich gewesen.

Dem fügte ich fast nahtlos noch eine Nachtfahrt per Bus in den nördlich gelegenen Tieflanddschungel an, wo sich eine der Hauptsehenswürdigkeiten Guatemalas befand: die Mayastadt Tikal. Über die Tempel, Pyramiden und Ruinen von Tikal ist anderweitig schon viel berichtet worden; die lange Anreise lohnte sich jedenfalls. Fahrt und Besichtigung innerhalb von 24 Stunden zu organisieren, war nicht ganz einfach. Aber meine Mittelamerika-Tour sollte ja anschließend noch ein großes Stück weitergehen: über

El Salvador, Honduras und Nicaragua nach Costa Rica und Panama - immer nach dem Motto: Der Weg ist das Ziel!

Abladen von Holzschwellen durch die Bahnarbeiter

Hier ein kurzer Rückblick auf Oktober 1980, als ich ganz im Süden Mexikos, nahe am Pazifik, zum ersten Mal nach Guatemala einreiste. Seinerzeit war die gemächliche Eisenbahn mit ihren seltenen Abfahrtszeiten leider keine Option. Von Tapachula aus fuhr damals immerhin schon ein Bus bis zu der Brücke, die über den Grenzfluss Suchiate führte; zu Fuß gings dann weiter ins Nachbarland. Dort wurde man bereits von einigen Taxifahrern erwartet. Da der Fahrpreis zum nächstgelegenen Städtchen Coatepeque zu hoch war, halfen sie tatsächlich mit Rat und Tat dabei, einen vorbeikommenden Bus zu stoppen und die Reisetaschen eigenhändig hauruck in dieses Fahrzeug zu befördern - und schon waren wir wieder unterwegs.

Nach einer Übernachtung im Hotel Monte Carlo, das trotz seines mondänen Namens nur einige Dollars kostete, gings im Regen des folgenden Morgens in die etwa 1500 m hoch gelegene Hauptstadt hinauf. Hier schien ständig Markttag zu sein; überall saßen Leute auf dem Gehweg und verkauften ihre Sachen, etwa köstliche geröstete Maiskolben.

Freundliche Kinder im Bahnhof von Aguas Calientes

Von Guatemala City aus, wo jetzt unser zentrales Hotel lag, erkundeten wir das sehenswerte Umland. Die frühere koloniale Hauptstadt Antigua wurde Mitte der 70er Jahre von einem Erdbeben schwer beschädigt, bekam aber trotzdem die Auszeichnung als UN-Weltkulturerbe. Das hiesige Marktgeschehen war im übrigen viel bunter als in Mexico. So trugen die Frauen Röcke aus schönen handgewebten Tüchern und dazu bestickte Blusen.

Auch wer nur kurze Zeit in Guatemala weilte, wollte unbedingt zum Atitlan-See. Das auf gut 2100 m Höhe oberhalb des Sees liegende Städtchen Solola hatte einen bunten Indiomarkt. Hier waren die Frauen in noch farbenfrohere Kleider gewandet als woanders, und selbst die Männer zeigten sich in Hosen und Hemden aus demselben bunten Stoff. Nach einer Serpentinenfahrt direkt zum See hinunter kam man in den schon damals bekannten Badeort Panajachel, der seinerzeit stark von Hippies bevölkert war - kein Wunder bei der einmaligen Lage mit Zugang zum Atitlan-Kratersee und mit Blick auf die ihn umgebenden Vulkanberge. Er war nur drei Busstunden von Guatemala-City entfernt. Damit war der Kurzbesuch des Landes fast zu Ende. Die Anreise hierher war hingegen umso länger gewesen. Sie hatte in Chicago begonnen und über New Orleans, Nuevo Laredo und Mexico-Stadt ins Zentrum des bunten Maya-Landes geführt.

Auf meiner dritten Mittelamerika-Reise 2013 näherte ich mich Guatemala von der Karibikküste her. Die vergangenen Tage hatte ich in Honduras verbracht; dorthin war ich aus Panama über Costa Rica und Nicaragua angereist. Der honduranische Atlantikhafen Puerto Cortes war für einen Kurzaufenthalt jedenfalls attraktiver als die Hauptstadt Tegucigalpa oder die Wirtschaftsmetropole San Pedro Sula (die auch als Kriminalitätshochburg verschrien war). Immerhin gab es im honduranischen Küstenstreifen noch eine alte Bahnlinie, auf der in größeren Zeitabständen Personen und Güter u.a. nach La Ceiba befördert wurden.

Die Ausreise aus Honduras erfolgte bei Corinto, wohin ein Bus aus Puerto Cortes verkehrte. Zu Fuß gings durch eine Reihe von Kontrollstationen bis zur Minibus-Haltestelle in Guatemala - alles problemlos, da mit leicht überschaubarem Gepäck unterwegs. Sogar das Fotografieren wurde mitten im Grenzbereich gestattet. Gegen einen geringen Aufpreis brachte mich der Kleinbusfahrer zu einem Hotel direkt am Hafen von Puerto Barrios, ein angenehmer Zusatzdienst. Die Unterkunft bot immerhin den Luxus eines Ventilators, der hier dringend nötig war. Manchmal wehte auch eine frische Brise vom Meer her. Der Frachthafen mit mehreren Chiquita-Bananencontainerschiffen war recht groß, im Gegensatz zur sehr beengten Passagierboot-Anlegestelle. Der alte Bahnhof, der früher als Endstation einer Bananenbahn diente, war nicht leicht zu finden. Ein einheimischer Junge half mir dabei und erhielt dafür eine Cola. Das Bahngelände erkannte man an einigen abgestellten, ausrangierten Güterwagen - hier ging wohl kein Zug mehr ein oder aus. Bananen wurden jetzt auf Lkw zum Hafen transportiert.

Puerto Barrios war Guatemalas Tor zur Karibik - auch in Richtung Belize. Zweimal am Tag startete damals ein relativ kleines Motorboot, Lancha genannt, diesmal mit mir und fünf weiteren Fahrgästen sowie zwei Mann Personal an Bord. Das Boot fuhr ständig mit Vollgas und war, mit durchgeschüttelten Passagieren, in einer guten Stunde in Punta Gorda / Belize. Mein endgültiges Reiseziel war Cancun auf Yucatan in Mexiko. In Mittelamerika gab es damals kaum mehr Personenverkehr auf der Schiene. "Bahnfahren mit dem Güterzug" war in Guatemala praktisch die einzige, aber höchst selten realisierbare Möglichkeit hierzu.

Wer kennt schon Honduras?
Und seine Hauptstadt Tegucigalpa...

Auf meiner Mittelamerika-Reise im Jahr 2000 wollte ich auch die einzige Maya-Kulturstätte in Honduras, Copan, ganz im Westen des Landes, besuchen. Mit dem Omnibus aus San Salvador kommend, hatte ich die Grenze bei El Poy zu Fuß überquert, zusammen mit Rafael, einem anderen Businsassen. Dieser hatte mir auf der vierstündigen Herfahrt viel über Honduras und manches über seine Familie erzählt, die er nun zum Vatertag aufsuchte. Er arbeitete in El Salvador und freute sich, dass er mit mir spanisch reden konnte, das ich einigermaßen verstand; über Deutschland wusste er erstaunlich gut Bescheid. Während die Straße bis zur Grenze ziemlich staubig und holprig gewesen war, gings in Honduras auf astreinem Asphalt per Taxi nach Ocotepeque, der nächstgelegenen Ortschaft. Der Schlagbaum hatte kein wirkliches Hindernis dargestellt; an diesem kaum frequentierten Übergang war wenig los, immerhin war es möglich, DM in die hiesige Währung Lampiras umzutauschen. So konnte ich dem freundlichen Mitfahrer Rafael beim Warten auf den Bus in Richtung Copan noch ein Bier ausgeben.

Es folgte eine kurvenreiche Berg- und Talfahrt über La Entrada, der Abzweigung nach Westen. Die Landschaft war sehr schön, mit grünen Hängen und weidenden

Kühen. Bei Ankunft in Copan Ruinas warteten schon die Anbieter von Hotels auf Gäste. Ein Junge brachte mich zur Posada de Annie. In der Nähe befand sich das Restaurante L'Ama del Bosque (Ruf des Waldes); das Bier der Marke Salva vida (Lebensretter) kostete umgerechnet nur 2 DM. Allerdings bei Kerzenschein, denn beim Eintritt ins Lokal ging im ganzen Ort das Licht aus. Gegen 8 Uhr am nächsten Morgen war ich bereits bei den Ruinen von Copan, der früheren Maya-Stadt und heutigen UN-Weltkulturerbe. Die Ruinenfelder waren fast menschenleer und in relativ kurzer Zeit zu besichtigen. Copan gilt als eine der großen Maya-Städte, etwa gleichwertig nebenTikal/Guatemala und Palenque/Mexiko. Sie umfasst u.a. die Akropolis, den Ballspielplatz, einen Tempel, Pyramiden und viele Stelen mit Maya-Hieroglyphen.

Einige Stunden später konnte ich bereits mit einem Bus zurück nach La Entrada und von dort mit einem anderen Transportmittel nach San Pedro Sula fahren, der zweitgrößten Stadt von Honduras. Ein Taxi brachte mich zum Bahnhof, wo eine Baldwin-Museumslok im Freien abgestellt war; eine Diesellokomotive rangierte Güterwagen herum. An zwei Wochentagen fuhren sogar Personenzüge nach Tela an der Karibikküste, wurde mir gesagt. Ich wollte jedoch zur Hauptstadt Tegucigalpa weiterreisen. Ein Expressbus von El Rey nahm mich mit; erst um 22 Uhr war ich dort, eine schlechte Zeit für die Hotelsuche. Ein Taxifahrer half dabei.

Die Maya-Kulturstätte Copan Ruinas / Honduras

Tegucigalpa war kaum jemandem bekannt - was hatte es mit dem seltsamen Namen der Stadt auf sich? Dieser Ort soll von den Mayas ursprünglich Taguz Galpan genannt worden sein, was Silberberg bedeutet (aufgrund der dortigen Erzvorkommen). In Tegucigalpa klapperte ich einige Stellen ab auf der Suche nach Verkehrsrechtsinfos, zunächst die deutsche Auslandsvertretung. Der Botschafter hatte mich schon vor meiner Abreise zu einem Besuch eingeladen; sein Vertreter empfing mich. Er meinte u.a., Honduras werde von den Amerikanern beherrscht, etwa durch die riesigen Bananen-Gesellschaften United Fruit und

Standard Fruit (drum der abwertende Name "Bananen-Republik").

Mit am interessantesten war ein Besuch beim Automobilclub (Club Automobilistica de Honduras), der nicht nur Mitgliedern, sondern auch anderen Kraftfahrern (gegen Bezahlung) im Pannenfall half. Er hatte sogar einen juristischen Beratungsdienst (Asesoria Juridica). Ich bekam dort eine Straßenverkehrsordnung (Codigo de Transito) überreicht, mit einem Bußgeldkatalog (Cuadro de Multas). Danach konnte der Führerschein einbehalten werden, bis der Verkehrsverstoß bezahlt war; bei schweren Verstößen wurde das Kfz sichergestellt.

Auf der Fahrt zur Tica-Busgesellschaft, mit der ich nach Nicaragua reisen wollte, zeigte mir der Taxi-Chauffeur an verschiedenen Häusern, wie hoch das Wasser 1998 gestanden hatte (bis zum 3. Stockwerk), als der Hurrikan Mitch Teile von Mittelamerika verwüstete und den Rio Choluteca über die Ufer treten ließ. Auch von der hohen Straßenkriminalität in Tegucigalpa und den Jugendbanden (Maras) berichtete er.

Der Tica-Bus startete um 9 Uhr und fuhr direkt nach Managua, wo er gegen 18 Uhr ankommen würde. Die Fahrkarte kostete etwa 47 DM. Nach gut zwei Stunden stießen wir auf die panamerikanische Fernstraße. Um die Mittagszeit kamen wir bei Guasaule an die Grenze zu Nicaragua, wo wir nach einiger Wartezeit bei brütender Hitze Richtung Managua weiterreisen konnten. Hasta la vista, Honduras!

Ich hatte eigentlich nicht damit gerechnet, dass ich eines Tages nochmal nach Honduras kommen würde. Aber es reizte mich dann doch, Zentralamerika erneut zu bereisen, diesmal in umgekehrter Richtung: von Panama nach Mexiko. Und so lag am Weg - am roten Faden der Carreterra Panamericana - 2013 auch wieder Honduras. Der Grenzübergang war diesmal ein anderer als vor 13 Jahren: von Ocotal in Nicaragua nach Las Manos in Honduras, aber fast gleiche Zeitdauer für den Übertritt wie seinerzeit; ich hatte mich jedoch inzwischen mit den oft langwierigen Prozeduren an lateinamerikanischen Staatsgrenzen in Geduld geübt.

Von Las Manos bis Tegucigalpa war es nur noch ein Katzensprung von gut 100 km, jedoch war die Endhaltestelle des Tica-Busses weit außerhalb der Hauptstadt. Der Taxifahrer war ein hilfsbereiter Typ, der mit mir mehrere Hostals inspizierte, von denen ich das dritte akzeptierte. Es lag nah an der zentralen Fußgängerzone, war preisgünstig, wenn auch nicht sehr komfortabel. Der Taxler hatte mich noch darüber aufgeklärt, dass Honduras gar nicht so gefährlich sei wie in den Medien dargestellt. Es handle sich dabei um völlig übertriebene Gerüchte. Von den Schießereien zwischen jugendlichen Rauschgiftbanden seien Touristen gar nicht betroffen. Das klang beruhigend.

Am Hauptbahnhof von San Pedro Sula

Bei der später aufgesuchten Deutschen Botschaft waren die Sicherheitswarnungen deutlicher; diese betrafen aber eher Diebstähle oder Straßenraub - aha, also doch! Ich bekam auch wieder eine Lektion über honduranisches Verkehrsrecht, etwa dass neuerdings das Waffentragen auf Motorrädern verboten sei, nicht dagegen als Fußgänger. Ebenso seien männliche Beifahrer nicht gestattet, da in der Vergangenheit mehrfach von Sozius-Mitfahrern geschossen worden sei. Dagegen würden drei Personen (etwa Vater,

Mutter, Kind) auf einem Motorrad in der Praxis kaum beanstandet - das hatte ich oft selbst beobachtet. Des weiteren seien die meisten einheimischen Fahrzeuge nicht kfz-versichert.

Das Suchen und Finden eines Internetladens (hier Multinet genannt) war auch nicht leicht, zudem waren die Geräte langsam, die Tastaturen klemmten und man machte früh den Laden dicht, wie die anderen Geschäfte auch. Zum Mitnehmen ins Billighotel Iberia kaufte ich einige Dosen Bier an einem Kiosk - zur Feier des Wiedersehens mit Honduras im Allgemeinen und Tegucigalpa im Besonderen!

Nach allen getätigten Besuchen, Besichtigungen und Besorgungen gings nordwärts in Richtung San Pedro Sula, inzwischen angeblich die Mordhauptstadt der Welt, kaum zu fassen! Zuvor besuchte ich die frühere Landeshauptstadt Comayagua - mit schöner Kathedrale, Park und Rathaus. An letzterem hing ein Schild, wonach keine Waffen mit hineingebracht werden durften, sondern vorher abgelegt werden mussten. Die nächste Etappe legte ich mit Rey-Express zurück; vor dem Einstieg in den Bus fand eine Untersuchung nach Schusswaffen durch einen Sicherheitswachmann statt - dies schien in diesem Land ein großes Problem zu sein.

In San Pedro Sula wollte ich eigentlich mit dem Zug vom Busterminal zum Hauptbahnhof fahren, aber da bewegte sich heute nichts - also wurde ein Taxi angehalten und der Fahrpreis ausgehandelt. Am Hbf. war nichts los, nur eine alte Dampflok stand herum. In der Bahnreparaturwerkstatt durfte ich sogar fotografieren, u.a. einen Schienen-Pkw und einige Uraltloks. Der Taxler begleitete mich sicherheitshalber auf Schritt und Tritt; auf dem Rückweg ließ er mich nur vor einer Kirche zum Knipsen aussteigen - hier sei es sicher. Am Busterminal wurde der Taxipreis natürlich kräftig erhöht - klar, bei all den Zusatzaufenthalten.

Ein Impala-Bus brachte mich zügig nach Puerto Cortes an der Karibik, meist entlang der alten Bananenbahnstrecke. Mitten in der Stadt fand ich ein Zimmer im Hotel El Centro, günstig gelegen für Ausflüge zu Fuß, auch zum nahen Hafen, dem größten von Honduras und dem wichtigsten von ganz Mittelamerika. Von einer Dachterrasse aus konnte ich ihn, für ein Bier, fotografieren.

Mit einem Taxifahrer vereinbarte ich eine Rundtour, u.a. zum alten Bahnhof der Bananen- und Personenzüge; er war jedoch längst außer Betrieb, und nur im Ausbesserungswerk wurde noch etwas gearbeitet. Weiter gings am Frachthafen vorbei zum Fährhafen; von diesem fuhr nur einmal pro Woche ein größeres

Schiff nach Belize. Darauf wollte ich aber nicht warten, denn vom benachbarten Guatemala aus setzten täglich kleinere Boote nach Punta Gorda in Belize über.

Fröhlicher Jugendfußballverein in Omoa / Honduras

Zuvor wollte ich jedoch dem malerischen Städtchen Omoa am Karibikstrand einen Kurzbesuch abstatten. Hier traf ich in einem Strandcafé unter Palmen einen deutschen Hotelier, der nach einer Weltumsegelung in Omoa eine neue Heimat gefunden hatte. Heinz, ein früherer Starfighterpilot, erzählte spannende Geschichten aus seinem Leben. Dazu gabs frisch gegrillten Fisch, direkt aus dem Meer, und hiesiges Bier.

Auf dem Rückweg zum Bus besichtigte ich die vor langer Zeit zum Schutz gegen Piraten errichtete Festungsanlage. Eine Mannschaft honduranischer Buben, die daneben trainierte, stellte sich gern zu einem Fußballer-Gruppenfoto auf. Tags darauf machte ich mich, wiederum mit einem Omnibus, auf den Weg nach Corinto, an der Grenze zu Guatemala. Dort konnte ich die letzten Lampiras in Quetzales, der Währung des Nachbarlandes, eintauschen. Die Grenzbeamten waren ausnehmend freundlich und erlaubten sogar das Fotografieren. Dann war Honduras für mich Geschichte; aber es war schön gewesen, hier noch einmal durchzureisen - ohne die Angst, hinter jeder Hausecke einen Gauner befürchten zu müssen.

Panama - Der Kanal und die Eisenbahn
Zwei Jahrhundertwerke zwischen den Weltmeeren

Auf meinen beiden Reisen durch Mittelamerika bin ich zweimal nach Panama gekommen: einmal am Ende einer Fahrt, das andere Mal zu deren Beginn - viele Jahre lagen dazwischen. Der weltberühmte Panama-Kanal, aber auch die weniger bekannte, an ihm entlang führende Kanal-Eisenbahn, hatten es mir angetan.

Im Jahr 2000 bin ich weit weg vom eigentlichen Reiseziel gestartet, nämlich im kalifornischen Los Angeles. Danach hatte ich eine mehrere tausend Kilometer lange Überlandfahrt vor mir, meist auf der Panamericana, durch ganz Mexiko, Guatemala, El Salvador, Honduras, Nicaragua und Costa Rica. Von der panamaischen Grenze bei Ciudad David bis zur Hauptstadt am Pazifik waren es allein fast 500 km. Es war dann schon ein bewegendes Erlebnis, in Panama-Stadt mit seiner imposanten Hochhauskulisse anzukommen.

Ich hatte mir aus einem Reiseführer ein Hotel nicht weit vom Meer herausgesucht, wo ich einige Tage bleiben wollte. Das Personal war recht besorgt um meine Sicherheit und empfahl mir, möglichst keine wichtigen oder wertvollen Sachen auf meine Erkundungstouren mitzunehmen. Auf ihre Fragen sagte ich den Leuten auch, wo ich hinging, etwa zur Deutschen Botschaft, in die Altstadt oder zu bestimmten Gaststätten. Meist riefen sie ein Taxi, so dass wenigstens die Hinfahrt sicher war; zurück kam ich allemal allein. Ihre Fürsorge war fast rührend. Einmal lief mir gar ein Angestellter hinterher, als ich auf dem Weg zum Meer war und erkundigte sich nach meinem Wohin; ich solle gut auf mich aufpassen, war sein Ratschlag. So gefährlich hatte ich mir Panama nicht vorgestellt, schon gar nicht die Hauptstadt bei Tag.

An einem der ersten Tage machte ich einen Ausflug ans andere Ende der panamaischen Landenge an der karibischen Atlantikküste, zur Stadt Colon. Dort hatte ich zuvor mit einer entfernt Verwandten (der Tante Inga) telefoniert, die schon seit ewigen Zeiten in Colon lebte, wo ihr Mann früher deutscher Honorarkonsul gewesen war. Ihr Augenmerk war ebenfalls stark auf meine Sicherheit gerichtet. Sie empfahl mir dringend, nach Ankunft am dortigen Busbahnhof direkt in ein Taxi zu steigen und mich zu ihr fahren zu lassen. In einem Reiseführer hatte ich gelesen, dass Colon eine Art Räubernest und die Überfallgefahr generell sehr groß sei, außer an drei Örtlichkeiten: innerhalb des Freihafens, auf einem ummauerten Hotelgelände und eben im Busbahnhof. So langsam glaubte auch ich an den an die Wand gemalten (Sicherheits-)Teufel.

Auf der etwa 80 km langen Straße zwischen Pazifik und Atlantik durchquerte man viel Urwald und nur wenige Siedlungen; man kam u.a. an der Kanalschleuse von Miraflores vorbei; vom Panamakanal bekam ich im Bus jedoch nicht allzuviel mit. Das sollte sich schnell ändern: Nach einem schmackhaften panamaisch-deutschen Mittagessen mit einheimischem Bier gings mit dem schwarzen Fahrer der Tante zur nahegelegenen Gatun-Schleuse.

Ein riesiges Containerschiff - von schweren Loks geführt

Hier konnte man den recht bedächtigen Verkehr der riesigen Containerschiffe durch die Schleuse aus nächster Nähe beobachten. Mehrere Zahnrad-Lokomotiven zogen und manövrierten die Schiffe mit Hilfe von Stahlseilen durch diese sehr engen Nadelöhre.

Der Panama-Kanal war 1914 fertiggestellt worden und hatte den weiten und gefährlichen Seeweg um Kap Hoorn in Südamerika enorm abgekürzt; bis zu rund 14.000 Schiffe benutzten ihn später alljährlich. Der Kanal war erst Ende 1999 von den USA an Panama übergeben worden (in der Hauptstadt erinnerten riesige Schilder an dieses denkwürdige Ereignis). Auch mich ließ dieses Jahrhundertbauwerk, das ich nun aus nächster Nähe betrachten konnte, nicht unberührt.

Aber was war aus der einst legendären Panama Canal Railway geworden? Diese ist bereits 1855 eröffnet worden und hat beim Kanalbau eine wichtige Transportrolle erfüllt. Erst seit Anfang des 21. Jahrhunderts, nach ihrer Restaurierung, hat sie einen Teil der Containerbeförderung übernommen. Noch nicht für den Personenverkehr freigegeben, konnte ich sie im Jahr 2000 nicht benutzen. Zusammen mit dem Fahrer suchten wir nach der alten, teils mit Gras überwucherten Strecke sowie nach dem Gebäude der Bahnverwaltung (Panama Railroad Company) und wurden auch fündig. Nach einem erlebnisreichen Tag in Colon am Atlantik kehrte ich am Abend mit dem - als sicher geltenden - Omnibus an die Pazifikküste und in die Hauptstadt zurück. Soviel zu meiner ersten Panama-Reise.

Meine zweite Reise nach Panama begann ich, aus Havanna kommend, 2013 direkt in Panama-Stadt. Diesmal hatte ich mir, da ich erst bei Dunkelheit ankam, vorab ein Hotelzimmer reserviert. Ein Taxi brachte mich ins Zentrum, sein Fahrer hatte mich gleich nach der Zollabfertigung angesprochen und einen akzeptablen Preis genannt. Im hotelnahen, fast am Meer gelegenen Restaurant Boulevard Balboa ließ es sich ordentlich abendessen. Tags darauf besprach ich mit einem freundlichen Botschaftsbeamten das hiesige Verkehrswesen. Zum Straßenverkehrsrecht besorgte ich mir den einschlägigen Gesetzestext (Reglamento de Transito), der einige interessante Regelungen und einen Bußgeldkatalog enthielt.

Wie schon vor 13 Jahren besuchte ich auch jetzt die über 90jährige gute Tante Inga in Colon. Diesmal konnte ich die Fahrt über die Landenge in einem modernen Zug der Panama Railway Company antreten, im Doppelstockwagen und mit Panoramaaussicht. Die bereits 2001 in Betrieb genommene restaurierte Bahnlinie stellte wochentags jeweils um 7.15 Uhr einen Personenzug aufs Gleis, der abends um 17.15 Uhr bei bald einbrechender Dunkelheit wieder aus Colon zurück fuhr.

Dazwischen lag, wie vor vielen Jahren, das Wiedersehen mit der netten Tante Inga, die zum üppigen zweiten Frühstück einlud. Als kleines Gastgeschenk brachte ich ihr Janoschs erfolgreiches Kinderbuch "Oh wie schön ist Panama" mit. Es machte sie ganz glücklich; das war ein Volltreffer!

Ihr Fahrer hatte mich pünktlich nach Ankunft um 9.15 Uhr am Bahnhof abgeholt, wobei er ein Schild mit meinem Namen hochhielt. Sonst hätten wir uns nicht so leicht gefunden. Wir sahen uns am Hafen nach Kreuzfahrtschiffen um, die die Karibik zum Ziel hatten. Die anschließende obligatorische Stadtbesichtigung führte zu verschiedenen christlichen Kirchen und zur Kolumbus-Statue; der berühmte Seefahrer, mit spanischem Namen Colon, war vor über 500 Jahren in der Nähe der Stadt an Land gegangen.

Die nächste Entdeckung war die Zona Libre, der riesige Freihafen (der zweitgrößte der Welt nach Hongkong). Zugrückfahrt war schon bald nach 17 Uhr. Nach dem Bahntrip durch das bereits dämmerige Dschungelgebiet entlang des Kanals war ich recht schnell wieder zurück in der Hauptstadt, wo ich am Bahnhof freundlicherweise von einem Hoteltaxi abgeholt wurde.

Panama war mindestens so lebhaft und bunt, wie Janosch es seinen Märchenfiguren, dem kleinen Tiger und der Ente, ausgemalt hatte. Außer den fast schon atemberaubenden Wolkenkratzern gab es aber auch noch die historische Altstadt Casco Antiguo zu durchstreifen, mit ihren schön restaurierten Kolonialgebäuden, die im Kontrast zu heruntergekommenen anderen Häusern standen. Sehenswert waren auch die Kathedrale, das Nationaltheater und der Präsidentenpalast.

Endstation der neuen Panama-Kanaleisenbahn

Höhepunkt aber war für mich das Museo del Canal Interoceanico. In diesem Kanalmuseum wurden die Geschichte und der Bau des Panama-Kanals hervorragend erzählt. Ausgestellt war auch die erste, von dem deutschen Kartographen Waldseemüller skizzierte Weltkarte. Da ich beim (verbotenen) Knipsen derselben erwischt wurde, musste ich das Bild mit der schönen Landkarte löschen, was auch dem Museumswächter leid tat.

Noch stand die Miraflores-Schleuse in der Nähe der Hauptstadt auf dem Besuchsprogramm. Besichtigen konnte man diese von einem mehrstöckigen Besuchergebäude aus und zu erreichen war sie auch nur per Taxi. Sein Fahrer, ein Hotelangestellter, wartete meine Rückkehr ab. Es war viel los in Miraflores; die meist aus der Region stammenden Touristen wollten ebenfalls die Ozeanriesen aus der Nähe sehen und natürlich fotografieren. Abends suchte ich noch ein deutsches Lokal auf, das Rincon Aleman, das bayerisches Bier und einige süddeutsche Gerichte auf der Speisekarte hatte; der Wirt kam aus der gleichen Weltgegend wie ich.

Als meine Zeit in Panama-City abgelaufen war, machte ich mich auf den Weg in den Nordwesten des Landes, über Ciudad David in die höhergelegene Weinregion um die Stadt Boquete. Wieder zurück auf der Carreterra Panamericana, gings durch ganz Zentralamerika und dort auch zur Karibikküste. Guatemala und Belize sowie die mexikanische

Halbinsel Yucatan mit Cancun waren die letzten Stationen auf dieser Fahrt.

Fazit nach der zweimaligen Reise durch alle mittelamerikanischen Länder: So viele verschiedene Gebiete und Völker in relativ kurzer Zeit zu besuchen, bringt manche Überraschung und Erkenntnis mit sich. Täglich gilt es, Neues zu entdecken, zu erleben und festzuhalten. Als Alleinreisender muss man auch auf seine Sicherheit und Gesundheit bedacht sein. Man sollte etwas Spanisch können - Englisch (oder gar Deutsch) versteht kaum jemand, allenfalls in großen Hotels. Abschließend konnte ich jedenfalls sagen: "Oh wie schön ist Zentralamerika"!

Oldies in Havannas Straßen
Ami-Schlitten mit kubanischem Charakter

Die meisten Pkw, die bis in die 60er Jahre nach Kuba eingeführt wurden, kamen aus den USA. Nach der Revolution kühlten die politischen und wirtschaftlichen Beziehungen zwischen beiden Ländern stark ab. Mangels eigener Produktion und sehr teuren Importen aus anderen Ländern wurden die im Land verkehrenden Personenwagen (und kleineren Lkw) wieder und wieder repariert, auch nach schweren Unfällen. Nach der Schadensbehebung war die Identität der Fahrzeugmarken manchmal kaum mehr zu erkennen. Aber immerhin kann man auch heute noch davon ausgehen, dass die meisten Oldtimer in Kuba US-amerikanischen Ursprungs sind.

Immerhin sind viele der Oldies erstaunlich gut restauriert und farblich recht erfrischend lackiert worden. Andere wiederum sehen ziemlich zusammengeflickt aus; für Schönheitsmaßnahmen und Makeup ist bei den Besitzern oft kein Geld da. Gelegentlich verändern schwere Operationen den Fahrzeugcharakter so stark, dass danach etwa ein Chevrolet, der meist gefahrene Oldtimer, manchmal nur noch mühsam als solcher auszumachen ist. Nicht selten werden ursprüngliche Limousinen auch in Cabrios verwandelt, indem man ersteren der Einfachheit halber das Dach abflext - meist scheint ja die karibische Sonne, und es regnet selten auf der Insel. Auch Kotflügel, Außenspiegel, Stoßstangen und andere Teile stammen des öfteren von anderen Fabrikaten.

Sammeltaxis in Havanna warten auf Kunden

Selbst Motoren werden, nach einigen hunderttausend Kilometern Laufleistung und in Ermangelung anderer Möglichkeiten, gegen preiswertere russische Antriebe ausgetauscht. Wenn es an Geld fehlt, müssen Fantasie und Improvisationskunst einspringen. Das Ergebnis sieht zwar nicht immer schön aus. Aber der Untersatz fährt wieder, und das allein ist ausschlaggebend.

Auch wird mit nicht unbedingt notwendigen Instandsetzungen oft so lang zugewartet, bis die nötigen Pesos beisammen sind (oder das Auto schlicht stehenbleibt). Aber irgendwie weiß man sich immer zu helfen. Veteranenfahrzeuge werden gern auch als Taxis eingesetzt. Wenn es sich um auffällige Vorzeige-Oldies handelt, schlägt sich dies meist im Fahrpreis nieder, den man als Fahrgast - und jedenfalls als Tourist - durchaus zu zahlen bereit ist; wo sonst wird man schon mit einer Art Nobelkarrosse im Urlaubsland herumkutschiert. Mit den hiesigen Gebäuden ist es im übrigen ähnlich wie mit den Autos: ein Großteil ist alt und kaum instand gehalten, eine geringere Anzahl sticht durch Gepflegtheit und Eleganz heraus - das eine Haus neben dem anderen, das eine Auto im Hochglanz, das nächste auf dem letzten Loch pfeifend.

Auf Kuba habe ich mich seinerzeit in Havanna und drumherum etwas umgesehen. Dabei hatte ich mehrfach das Vergnügen, Taxifahrer zu beschäftigen, einige davon mit nicht mehr ganz jungen, teils etwas verlotterten Fahrzeugen. Ein Taxista hatte mich mit seinem Oldie der Marke Chevrolet zum leider geschlossenen Eisenbahnmuseum an der Estacion Cristina gebracht, wo ich trotz seiner Intervention nur durch den Zaun hindurch alte Loks und Wagen fotografieren konnte. Danach gings zur Abwechslung mal mit einem Fahrradtaxi zum Fährhafen für die

Boote nach Casa Blanca auf der anderen Seite der Bucht, wo ich demnächst hin wollte. Zuvor besuchte ich herüben die Casa Museo Humboldt, das Museum zu Ehren des deutschen Lateinamerika-Forschers, den sie hier Alejandro de Humboldt nennen und der zu Beginn des 19. Jh. auch in Havanna gewesen war.

Mit einem kleinen Fährschiff konnte ich tags darauf nach Casa Blanca übersetzen, um vom dortigen Bahnhof mit dem einzigen elektrisch betriebenen Zug der Insel nach Hershey zu fahren, das seinen Namen vom amerikanischen Schokoladenfabrikanten und Erbauer dieser Bahnstrecke erhalten hatte. Im Abteil saß auch der Amerikaner Oscar mit Frau und drei Kindern, die mich interessiert befragten und unterhielten.

Auf der Rückfahrt blieb der Zug mit einer technischen Panne liegen; alle Fahrgäste gingen ohne Murren zu Fuß zu einer entfernten Bushaltestelle der Linie nach Guanabo an den Playas del Este. Am malerisch-exotischen Palmenstrand war nicht viel los, aber es gab in der Nähe wiederum schöne Oldies zu knipsen.

Zurück in Havanna suchte ich Hemingways frühere Lieblingsbar Floridita auf, wo ich neben seiner Statue ein kühles Bier trank, wie seinerzeit der amerikanische Dichter und Nobelpreisträger. Bald danach: Pech für mich, dass das Automobilmuseum ebenfalls geschlossen hatte. Aber eigentlich ist ja die ganze Stadt ein einziges großes Auto-Museum, da fällt es ausnahmsweise mal leicht, auf besondere Ausstellungsstücke zu verzichten. Die vielen historischen, teils restaurierten und farbig gestrichenen Kolonialgebäude geben eine wunderbare Kulisse für die Besucher ab, die sich jedoch mancherorts, aufgrund der verbreiteten Mangelerscheinungen, wie im früheren Ostblock vorkommen müssen.

Oldie-Motorradler (mit Seitenwagen)

Nicht so in dem von einem Deutschen Verein 1861 gegründeten und weiterhin betriebenen Casino. Die für dortige Sprachkurse zuständige Kulturreferentin der Deutschen Botschaft zitierte diesbezüglich den treffenden Satz: "Kein Franzose ohne Wein, kein Deutscher ohne Verein!"

Aufschlussreich war das Gespräch mit Ines, einer Uni-Professorin in Havanna. Sie konnte sich in der Vergangenheit nur durch die Vermietung von Ferienwohnungen an Touristen einen gewissen Lebensstandard und ein Auto leisten. Ihr Einkommen als akademische Lehrkraft war nicht höher als das eines Arbeiters, berichtete sie.

Man könnte noch viel über die kubanische Hauptstadt erzählen, was sich dort etwa um das Capitolio herum, am Parque Central, auf der Plaza San Francisco oder am Malecon, der Uferstraße am Meer entlang, so alles abspielt. Gut, dass es abends an der Hotelbar die für Kuba berühmten Longdrinks gab, insbesondere den Rum-Cocktail Mojito oder den Cuba Libre. Später am Abend schweifte der Blick vom Hotelbalkon über die Bucht mit den flimmernden Lichtern der Häuserkulisse und den pulsierenden Straßenverkehr auf dem Malecon.

Abschließend noch ein kleines Taxi-Erlebnis am Ende meines Kuba-Aufenthalts. Da musste ich noch zum Flughafen José Marti chauffiert werden und fragte vor dem Hotel nach einem Oldie-Taxi. Ein benachbarter

Taxista bot mir an, mich hinzufahren. Ich fand es einigermaßen amüsant, dass er einen ziemlich heruntergekommenen Plymouth sein eigen nannte. Er nahm außer mir seine recht unterhaltsame Freundin als Beifahrerin mit, die mir das Baujahr des Taxis verriet: 1948!

In Havanna und dann nochmal kurz vor dem Flughafen hatten wir auf der rasanten Fahrt jeweils einen Fast-Zusammenstoß mit anderen Fahrzeugen. Nach letzterem hielt uns die Polizei an und nahm dem Verkehrssünder die Papiere ab, bis er von seiner Tour mit mir zurück sein würde. Er setzte mich, nach einigem Suchen, am Terminal 3 ab, wo mein Flug nach Panama starten sollte. Nach Bezahlung des ausgehandelten Preises wünschte ich ihm "mucha suerte" (viel Glück) bei der Polizei und auf weiteren Fahrten...

Auf Schlammpisten durch Amazonien
Mit Bussen und Fähren in die Grüne Hölle

Da hatte ich mir aber was vorgenommen: Auf Straßen und Pisten, soweit vorhanden und befahrbar, den riesigen Amazonas-Urwald Brasiliens in Süd-Nord-Richtung zu durchqueren - jedenfalls von Porto Velho über Manaus nach Boa Vista, nahe der venezolanischen Grenze. Dabei mussten die großen Flüsse Rio Madeira und Amazonas mit Fähren überquert werden. Über den mit rund 6800 km längsten Strom der Erde, den Amazonas, gab es damals (1989) keine einzige Brücke, kaum zu glauben! Kleine Flüsse oder größere Bäche hatten in der Regel Holzbrücken, die aber altersbedingt immer wieder dem Gewicht von Lastwagen oder Omnibussen nicht mehr standhielten. Dann mussten die Fahrer der sich an den kaputten Brücken aufstauenden Fahrzeuge selbst Hand anlegen und versuchen, mitten im Dschungel die Übergänge wieder befahrbar zu machen. Denn technische Hilfe staatlicher Stellen oder Umleitungen über andere Brücken waren oft nicht verfügbar.

Meine Reise hatte ziemlich weit im Süden begonnen - in der argentinischen Hauptstadt Buenos Aires. Dort hatte ich den Rio de la Plata mit dem Fährschiff nach Montevideo in Uruguay überquert, von wo es über

Porto Alegre nach Curitiba ging, bis dahin per Bus. Danach besuchten wir (bis Rio mit meinem Bruder im Mietwagen) die deutschen Siedlungen im Bundesstaat Santa Catarina, die Iguazu-Wasserfälle und die Millionenstädte Sao Paulo und Rio, sodann die Bundeshauptstadt Brasilia. Am besten schaute man sich diese Stadt erstmal von oben an, vom Fernsehturm aus. Und pickte sich dann einzelne Sehenswürdigkeiten heraus, etwa die sehr gelungene Kathedrale.

Wichtig für Überland-Reisende war immer der meist zentral gelegene Busbahnhof (Rodoviaria). Von Brasilia ausgehend machte ich mich auf den Weg in das gut 1100 km entfernte Cuiaba, dem Eingangstor zum Pantanal, einem riesigen und tierreichen Savannen- und Sumpfgebiet. Die Nachtfahrt nach Cuiaba dauerte 16 Stunden, es war hier im Tiefland sehr heiß. Da ich noch viel vor mir hatte, kaufte ich bald den Fahrschein für die nächste Teilstrecke von Cuiaba nach Porto Velho, einem Abschnitt der Fernstraße Transoceanica.

Ich bekam gerade noch einen freien Platz. Mein Sitznachbar Ricardo war sehr unterhaltsam - auf Portugiesisch, ich erwiderte auf Spanisch. Er warnte vor dem - wegen der vielen Garimpeiros (Goldsucher) - teuren Bier in Porto Velho; alle Preise seien dort überhöht. Ab und zu gebe es Schießereien auf der

Straße. In Vilhena, auf halber Strecke nach Porto Velho, wurde an einer Gelbfieber-Impfstation angehalten; mein Impfpass war in Ordnung, Ricardo hatte seinen vergessen und musste sich wieder einmal impfen lassen. Die Asphaltstraße BR-364 war mit Schlaglöchern übersät, Temperatur und Luftfeuchtigkeit waren hoch, die Buspausen kurz.

Nach 22 Stunden Fahrt seit Cuiaba kam der Omnibus gegen Abend in Porto Velho am Rio Madeira ("Alter Hafen am Holzfluss") an. Rechtzeitig zum Sonnenuntergang stand ich am Ufer des großen Zuflusses des Amazonas - aber noch weit von letzterem entfernt. Porto Velho hatte ich in meinen Fahrplan aufgenommen, da hier die Transamazonica-Fernstraße nach Manaus abging. Und auch, weil es hier die letzten Überbleibsel der alten Kautschukbahn EFMM zu besichtigen gab - eine ursprünglich 370 km lange, inzwischen auf 10 km geschrumpfte Strecke. Mister Shockness verwaltete das kleine Museum am Hafen und betreute die wenigen noch funktionierenden Dampflokomotiven der Madeira-Mamore-Bahn, insbesondere seine Lieblingslok Maria Fumaca, die "Rauchende Maria". Die beiden Stromschnellen in Reichweite von Porto Velho verschafften Reisenden eine urtümliche Atmosphäre. Nicht weit von der einen, Cachoeira Teotonio, gingen goldsuchende Glücksritter ihrer Schürftätigkeit nach.

Manaus - Hafenstadt am Amazonas

Am Busbahnhof lernte ich einen Brasilianer kennen, der der Geschäfte wegen nach Manaus fuhr. In der dortigen Freihandelszone wollte er Radios und Fernseher preisgünstig erwerben und sie in Südbrasilien gewinnbringend verkaufen. Gleich hinter der Stadt musste der Rio Madeira mit einer Autofähre überquert werden. Ein Bus, ein Lkw und ein VW-Käfer kamen mit. Nach Humaita, auf der BR-319, war die Transamazonica stark mit Schlaglöchern übersät.

Um Mitternacht wurde mitten im Urwald bei einem Rasthaus gehalten, das fast im Schlamm versank. Kurz darauf war ein Lkw bei einer Bachüberquerung eingebrochen und versperrte die Weiterfahrt. Also zurück zum Rasthausparkplatz, wo im Bus übernachtet wurde. Die Brückenreparatur dauerte bis zum nächsten Abend, dann erst gings weiter in Richtung Manaus. Während der stundenlangen Wartezeit hatte ich Milton und Ari aus der Gegend von Boa Vista kennengelernt, die außer Portugiesisch einen Hunsrücker Dialekt sprachen. Ihre Vorfahren waren im letzten Jahrhundert aus Deutschland eingewandert, und sie hatten deren Mundart beibehalten.

Auf der miserablen, schlaglöchrigen Straße blieben die zwei Busse des Transportunternehmens Unao Caracol sicherheitshalber zusammen. Wenn unser Omnibus unterwegs im Schlamm stecken blieb, mussten alle männlichen Fahrgäste ihn hinausschieben. Manch einer landete dabei unversehens selbst im Dreck. Liegengebliebene Lkw versperrten den Weg und wurden vom vorausfahrenden Bus rückwärts rausgezogen. Diese Hauptverbindungsstrecke nach Manaus konnte zeitweise kaum mehr als Straße bezeichnet werden; sie ähnelte eher einem Acker. Dann blieb auch noch der andere Bus von Unao Caracol plötzlich und irreparabel auf der Strecke stehen - Motorschaden. Wohl oder übel stiegen dessen Fahrgäste aus und bei uns ein, womit eine dramatische Überladung mit weit über 60 Leuten entstand. Der Bus schwankte bis fast zum Umkippen.

Schlammpiste durch den Amazonas-Urwald

Trotz aller Probleme erreichten wir endlich den Amazonas (hier noch Rio Negro genannt) - und am Ufer gegenüber lag Manaus! Die Fähre war in etwa einer Stunde drüben. Bei Ankunft am Busbahnhof waren wir seit Porto Velho 49 Stunden und rund 900 km unterwegs gewesen. Die etwas erschöpften Fahrgäste verabschiedeten sich trotzdem brasilianisch-herzlich voneinander und wünschten sich eine gute Weiterreise ohne Pannen. Meinem South American Handbook entnahm ich einigermaßen überrascht, dass für die bald bevorstehende Einreise nach Venezuela auf dem Landweg - im Gegensatz zum Flug - ein Visum verlangt wurde. Gottseidank gab es in Manaus ein Konsulat des Nachbarlandes, wo ich kurzfristig den benötigten Sichtvermerk bekam.

Auf einer Taxibootsfahrt konnte ich das Zusammentreffen der verschiedenfarbenen Flüsse Rio Negro und Rio Solimoes zum Amazonas (Encontro dos Aguas), etwa 20 km östlich von Manaus, beobachten. Mitten im Wasser gab es den seltenen Service einer Bootstankstelle. Zuletzt stand das berühmte Opernhaus (Amazonas-Theater) aus der Zeit des Kautschukbooms auf dem Programm. Die derzeitige Inflation in Brasilien war im übrigen so galoppierend, dass etwa Briefmarken oder Taxifahrten fast von einem Tag zum anderen teurer wurden. Die Brasilianer schimpften deswegen heftig auf ihre Regierung.

Ab Manaus erwartete mich wiederum eine lange Fahrt nach Boa Vista, das fast 800 km weiter nördlich lag. Auf der dorthin führenden sog. Natur- oder Staubstraße mussten erneut viele Bäche und kleine Flüsse passiert werden. Wir hatten mehrfach beschädigte Brücken zu Fuß zu überqueren, auch im Dunkeln. Einmal konnte unser Bus gar nicht mehr drüber fahren, ebensowenig der Omnibus aus der Gegenrichtung. Zur Lösung des Problems wurden die Passagiere einfach "ausgetauscht", um die Fahrt fortsetzen zu können, und das mitten in der Nacht.

Neben mir saß diesmal ein drahtiger Typ, Daniel, der als Reisegepäck hauptsächlich Wasser- und Teekannen sowie Thermosgeräte mitführte, um unterwegs

Chimarrao, den brasilianischen Mate-Tee, herzustellen und aus einer Riesenpfeife herauszusaugen. Verschiedene Stopps an kleinen Rasthäusern und wackeligen Brücken machten die Nacht zum Tag, am Bus wurde geschraubt und wurden Räder gewechselt. Und zu früher Morgenstunde weckte man einen Gastwirt, um die Fahrgäste zu verköstigen. Aber Boa Vista war nicht mehr allzu weit. Schließlich wurde der Rio Branco mit einer Autofähre überquert. Noch bei Tageslicht erreichten wir nach 22 Stunden Fahrt Boa Vista, die Hauptstadt der gleichnamigen Urwaldregion.

Den letzten LKW hat die Holzbrücke nicht ausgehalten

Daniel, mein Busnebensitzer, meinte, ich könne bei ihm übernachten, er habe ein großes Haus. Ich bekam ein Zimmer mit Moskitonetz überm Bett; statt

Klimaanlage wurden Tür und Fenster auf Durchzug gestellt. Auf dem Weg zum Abendessen trafen wir ein halbes Dutzend Leute aus dem Bus Porto Velho - Manaus von der abenteuerlichen 49-Stunden-Fahrt. Das Wiedersehen wurde mit kühlem Antarctica-Bier gefeiert. Nach dem Frühstück mit Daniel gings endlich in Richtung venezolanische Grenze. An mehreren Holzbrücken prüfte der Busfahrer wie so oft erst die Tragfähigkeit der Bretter und Balken. Ein mitreisender Lehrer erzählte von seinem beschwerlichen Nebenberuf als Diamantensucher. Nach sechs Stunden tauchte die Staatsgrenze zu Venezuela bei Santa Elena auf, die ich erfreulich unproblematisch passierte. Meine nächsten und gleichzeitig letzten Stationen auf dieser Südamerikareise waren ein Goldgräbercamp bei El Dorado, Ciudad Bolivar am Orinoco und schließlich Caracas, die Hauptstadt von Venezuela - ein Land, das vor über 30 Jahren noch viele Besucher anzog.

Uruguay und seine Oldtimer
In Montevideo am Rio de la Plata

Als ich vor über 40 Jahren erstmals nach Südamerika kam, führte mich meine damalige Überlandreise, fast ganz am Schluss, noch nach Uruguay. Aus Lima über La Paz und Santiago de Chile kommend, war ich in Buenos Aires angelangt. Eine schöne Stadt mit vielen Sehenswürdigkeiten wie etwa dem Viertel La Boca mit seinen bunten Fassaden und einladenden Tango-Bars. Und Montevideo, Uruguays Hauptstadt, lag für mich nun in greifbarer Nähe.

Was mein besonderes Interesse weckte, waren seine damals noch sehr vielen Oldtimer-Fahrzeuge, die auf den dortigen Straßen verkehrten. Dies war eine Verlockung, die ich mit eigenen Augen gesehen haben musste. Also gleich hinüber über den Rio de la Plata, an dessen Ufern beide Großstädte lagen. Es gab zwar direkte Schiffsverbindungen, langsam dahinschippernde Nachtfähren in beiden Richtungen. Aber häufiger und geschwinder ging es, wenn man von Buenos Aires mit der Auto- oder Schnellfähre nach Colonia del Sacramente in Uruguay übersetzte.

Von Colonia führte eine gute Straße per Omnibus nach Montevideo. Die Gesamtstrecke legte man in knapp sechs Stunden zurück und war danach im Zentrum der

Hauptstadt, an der Plaza de Cagancha. Das Hin- und Rückfahrtticket konnte man seinerzeit (1981) bei der Gesellschaft Onda in Buenos Aires für 110 DM kaufen.

Leonardo aus Montevideo mit seinem Chevy Bj. 1956

Die teilweise Anreise mit dem Bus hatte u.a. den attraktiven Vorteil, dass man unterwegs bereits viele Veteranen-Autos zu Gesicht bekam; dies auch bei Ankunft der Fähre am Hafen, erst recht dann in der Hauptstadt. Diese wurde zurecht als Oldtimer-Paradies bezeichnet. Wer sich erst einen Blick auf die Stadt und ihre Umgebung verschaffen wollte, fuhr mit dem Bus oder einem Taxi auf den etwa 120 m oberhalb liegenden Hügel, den Cerro. Von dort hatte man einen herrlichen Blick über die Bahia und die Skyline von

Montevideo. Aber dann war es höchste Zeit, sich mit dem hauptsächlichen Besuchsgrund zu befassen.

Beim Herumsuchen und Nachfragen in der Stadt fiel mehrfach der Begriff "Mercado Modelo". Dieser Markt befand sich etwas außerhalb des Zentrums, war aber leicht zu erreichen. Dort betrieben vor allem Ersatzteilhändler ihr Geschäft; sie hatten jede Menge Kfz-Teile auf Lager, überwiegend von alten Fahrzeugen. Die hier herumstehenden Autos wurden teils ausgeschlachtet, manche eigneten sich jedoch auch zum Restaurieren, fahrbereit waren wohl die wenigsten. Aber das war ja die Arbeit der Kleinbetriebe hier draußen und anderswo: das Instandsetzen älterer Fahrzeuge, damit sie anschließend für gutes Geld verkauft werden konnten. Und es handelte sich nicht nur um Pkw, sondern auch um Pickups, Lieferwagen und Lkw, gelegentlich um Busse.

Die Autos wurden meist nicht an Oldie-Liebhaber, sondern etwa an Händler und Privatpersonen zur täglichen Nutzung verkauft. Bei den Reparaturen kamen oft recht grobe Stücke heraus, in die häufig Teile anderer Fabrikate eingebaut worden waren, einfach um ein fahrtaugliches Gefährt zu bekommen. Eine tüv-ähnliche Einrichtung gab es offenbar nicht. Ein deutscher Kfz-Sachverständiger hätte beim Anblick vieler zurechtgeschusterter Alltagsautos sicherlich die

Hände über dem Kopf zusammengeschlagen. Aber es gab auch eine Art Kunsthandwerker, die mit entsprechendem Aufwand wunderschöne Klassiker herbeizauberten und dafür ein schönes Geld verlangten.

Nach all dem Schauen und Fotografieren wurde es Zeit, an die Rückfahrt nach Buenos Aires zu denken, die auf dem gleichen Weg wie die Herfahrt erfolgte: erst auf der Straße nach Colonia, dann über den Rio de la Plata nach Argentinien, natürlich mit jeweiligem Aus- und Einreisestempel im Pass. Und zum Ausflugsabschluss gabs in einem Lokal im Zentrum von Buenos Aires den guten, süffigen Mendoza-Wein.

Auf einer weiteren Südamerika-Reise, die diesmal in Buenos Aires begann und nach Brasilien führte, kam ich 1989 erneut nach Uruguay. Hier musste man durch, wenn man nach Norden wollte, in Richtung Porto Alegre, Rio und Manaus. In Montevideo wurde wiederum den nach wie vor auf den Straßen der Hauptstadt und in den Vororten verkehrenden und draußen vom Land hereinkommenden Oldies Referenz erwiesen.

Wer sich zuvor einen Überblick über das damalige Oldtimergeschehen in der Stadt und im Land machen wollte, für den war der dortige Automobilclub ACU eine erste Anlaufstelle. Er hatte sein Clubgebäude in der Calle Colonia. Für aktuelle und historische Infos über Autoklassiker wurde man an den Direktor des - sich im 6. Stock desselben Gebäudes befindlichen - Automuseums der Kraftfahrerorganisation weiter vermittelt. Wie sich bald herausstellte, war dieser die bestmögliche Auskunftsadresse. Senor Casal war ein sehr freundlicher und fachkundiger Herr, der das Museum betreute und mitbegründet hatte.

Oldie aus den 30er Jahren mit einem Model

Es wurden mehrere Dutzend Auto- (und Motorrad-) Klassiker präsentiert, eine Sammlung ausgewählter Veteranen. Alle Ausstellungsstücke stammten aus Uruguay, wenn auch nicht aus hiesiger Produktion, aber hier ausfindig gemacht. So gab es z.B. ein BMW-

Motorrad mit Seitenwagen, einen Mercedes 190 SL und drei weitere deutsche Kfz, alles DKW aus den 30er Jahren. Die Fahrzeuge waren teils gekauft worden, teils Leihgaben. Die ältesten Stücke waren ein Delin von 1899, der seit Anfang des Jahrhunderts im Land war, sowie ein De Dion von 1905. Damals gab es hier erst rund 50 Autos. US-Pkw wurden ab den 1920er Jahren importiert und waren natürlich im Museum auch vertreten, etwa Ford T-Modelle. Die Regierung versuchte laut Sr. Casal, den Export von Auto-Veteranen zu verhindern. Er wusste natürlich auch, wo man in der Nähe alte und uralte Kfz fand: auf dem weiterhin existenten Mercado Modelo - also nix wie hin!

Veteranen-Sammlung am Stadtrand von Montevideo

Der Oldiemarkt hatte nichts von seiner Anziehungskraft verloren; er war immer noch eine

Fundgrube für Freunde alter Autos - wenn auch in erster Linie für Ersatzteilsuchende. Jedoch standen noch genügend fahrbereite Oldies parkend herum. Nicht jedes Exemplar war eine Augenweide, aber jedes Stück war auf seine Art ein beachtenswertes Überbleibsel aus vergangener Zeit, und nicht etwa Schrott. Die Autoverwerter und Werkstätteninhaber waren freundlich und gegenüber interessierten Fototouristen zugänglich. Einer erzählte, dass erst vergangene Woche ein Filmteam Aufnahmen gemacht habe. Mein Taxi hielt unterwegs an, wenn ein fotogener Veteran am Straßenrand stand.

Bei meinem dritten Besuch in Montevideo (1998) hatte ich einen der hiesigen, in einem Verein organisierten Freunde alter Eisenbahnen getroffen. In ihrem Museum waren sie ebenfalls mit dem Restaurieren befasst: von ausrangierten Bahnwaggons.

Und was stand vor dem Museumsgebäude? Ein alter roter Chevy, dessen Eigentümer Leonardo mir gern einige Daten verriet: Baujahr 1956, überholer Sechs-Zylinder-Motor mit 3,7 l Hubraum und ca. 200.000 Meilen auf dem Buckel, zehn Vorbesitzer, Kaufpreis 1500 Dollar. Leonardo nahm mich auf einen Kurztrip zum Lok- und Betriebswerk mit. Dort wurde gerade die Dampflok Nr. 120 hergerichtet; einige deutsche Lokomotiven, u.a. von Henschel, die auf Restaurierung warteten, standen ebenfalls herum. Leonardo trank noch ein Bier mit mir und brachte mich sodann zum Hafen. Von dort fuhr ich diesmal mit einem schnellen Boot, einem Buquebus, in dreieinhalb Stunden direkt nach Buenos Aires hinüber. Meine anschließende Weiterreise ging später durch ganz Patagonien bis nach Feuerland. Auf dem Rückweg kam ich über Bariloche u.a. nach Osorno und Santiago de Chile, von wo es nach einer langen, erlebnisreichen Fahrt heimwärts ging.

Patagonien - Fast am Ende der Welt
Zwischen Anden und Atlantik

Wo Argentinien und Chile weit unten in Südamerika am einsamsten sind: dort ist Patagonien. Es dehnt sich über eine Länge von rund 2000 km aus - vom Rio Colorado bis zur Magellanstraße. Als ich im Januar 1998 von Buenos Aires aus mit der Eisenbahn in Richtung Patagonien unterwegs war, hatte mein Zug, der "Tren Bahiense", seine Endstation bereits in Bahia Blanca am Atlantik. Von dort gab es seinerzeit für mich keine Bahn-Weiterfahrt über Viedma und San Antonio Oeste, denn der "Tren Patagonico" nach Bariloche fuhr gerade nicht. Und der "Alte Patagonien-Express", aus Esquel kommend, verkehrte nur gelegentlich bis zur Station Ingeniero Jacobacci.

Schotterstraße ganz im Süden Patagoniens

Um nun ganz in den Süden des Kontinents, nach Feuerland zu reisen, musste ich mit mehreren Bussen über Trelew, Comodoro Rivadavia und Rio Gallegos nach Punta Delgada an der Magellanstraße fahren und von dort nach Feuerland übersetzen. Aber noch war es nicht so weit, denn auf dem Weg in den Süden legte ich natürlich einige Zwischenstopps ein, den ersten in San Antonio Oeste.

Hier war es trotz mehrstündigem nächtlichen Aufenthalt im Busterminal nicht langweilig. Schon um 21 Uhr sagte ich dem Wirt, dass ich bis 3 Uhr in der Früh hier bleiben müsste. Oh weh, das sei lang, meinte er. Tatsächlich war ich wohl der einzige Gast, der sechs Stunden im Lokal blieb, während andere Fahrgäste kamen und gingen. Ein interessanter Lichtblick war jedoch der 12jährige Marco, der die meiste Zeit damit beschäftigt war, Hand- und Küchentücher sowie Klopapier bereitzuhalten und nebenher auf eingehendes Trinkgeld zu achten. Es dauerte nicht lang, da saß er mehr an meinem Tisch als im Toilettenraum. Denn er wollte gern deutsch lernen. Wir machten also lange Listen mit deutschen Namen und Bezeichnungen, die wir ins Spanische übersetzten: ich buchstabierte sie ihm, und er schrieb sie auf - Buchstabe für Buchstabe, Wort für Wort. Bei der

Abfahrt des Busses kam er noch extra ans Fenster gerannt, um mir zum Abschied zuzuwinken.

Die nächsten Stunden bis Puerto Madryn, südlich der Halbinsel Valdés, schlief ich, und erst um 8 Uhr gabs in der Nachbarstadt Trelew Frühstück. Dieser Ort (und andere später auch) erinnerte mich stark an Oasenstädte in der Sahara; er lag am Rio Chubut und mehrere hundert Kilometer nördlich der nächsten größeren Ansiedlung. Die Landschaft war karg und fast wüstenhaft; es wehte ein starker Wind. Zwischendurch ließ mich der Chofer (Chauffeur) aus seiner Fahrerkabine heraus fotografieren, eine gute Sache; das wollte ich schon lange.

In Comodore Rivadavia besuchte ich u.a. den alten Bahnhof; dort konnte ich eine abgestellte Lok und ihre Wagen besichtigen - und verbotenerweise knipsen. Auch das Museo Patagonico hatte noch geöffnet. Der Wind blies vom Atlantik in die Steppe hinein. Das Faxen nach Hause klappte, ebenso das Rückfax. Den Rest des Abends verbrachte ich in der Busbahnhofswirtschaft bei Schnitzel und Bier und dem Schreiben des Tagebuchs. Erst sieben Stunden später, um 22.30 Uhr, wurde in Richtung Rio Gallegos weitergefahren.

Nach elfstündiger Reise kam ich einigermaßen ausgeschlafen am Vormittag in Rio Gallegos an. Zwei Deutsche, Mutter und Tochter, waren nachts zugestiegen und nahmen zusammen mit mir ein Taxi in die Stadt. Sie kamen aus Bariloche, wo sie eine Woche am Campingplatz gehaust hatten, da ihnen die Kreditkarte abhanden gekommen war und sie kaum mehr Geld zur Verfügung hatten.

Die Torres del Paine im gleichnamigen Nationalpark

Ich ging als erstes zum Hafen hinunter und dort natürlich zur früheren Bahnstation. Sie war aber bedauerlicherweise nur noch ein Eisenbahnfriedhof! Ein halbes Dutzend verrosteter und halb ausgeschlachteter Lokomotiven stand herum, meist ohne Herstellertafeln (die Lok-Fabrik war somit kaum erkennbar), bis auf eine japanische Mitsubishi-Dampflok. Die Waggons sahen auch nicht besser aus, die Abstellhalle ebenso erbärmlich - ein trauriger Anblick, den das Bahngelände bot. Früher war jahrzehntelang Kohle aus Rio Turbio in den Anden per Bahn - auf der damals südlichsten Kohlebahn der Welt - nach Rio Gallegos verfrachtet und dann verschifft worden. Ein Eisenbahnmuseum ist noch erhalten geblieben. Das Stadtzentrum mit der Kathedrale hingegen war recht sehenswert.

Die chilenische Grenze war, auf dem Weg nach Punta Arenas, nur 60 km entfernt; der Übertritt dauerte so lang wie die Busfahrt dorthin, die an einigen Estancias und vielen Schafen vorbeiführte. Die Hotelsuche war schwierig; zwei junge Burschen begleiteten mich und trugen sogar meine Reisetasche. Nach erfolgreichem Herumfragen gings noch auf Stadtrundtour: zum Hafen, zur großen Plaza, zum Mirador Cerro de la Cruz - und in eine Gaststätte. In aller Herrgottsfrühe startete ein Omnibus nach Punta Delgada zur Fähre über die Magellanstraße. Meine Reise zur südlichsten Stadt der Welt, Ushuaia auf Feuerland, habe ich in einem gesonderten Erlebnisbericht beschrieben.

Zurück von der Tierra del Fuego, war die Hafenstadt Puerto Natales mein Ausgangspunkt zum weltbekannten Parque Nacional "Torres del Paine". Der

Parkeingang ist allerdings von der Ortschaft nochmal etwa 100 km entfernt. Hauptsehenswürdigkeit im Naturpark sind die Paine-Felstürme, die in der Sonne kurz aufleuchteten. Die drei Granitnadeln sind das Wahrzeichen des Nationalparks und bedeuten "Türme des blauen Himmels".

Mehrtägige Wander-Rundwege mit Campingplätzen führen um sie herum. Sehr schön sind auch der Wasserfall Salto Grande und die zahlreichen Seen, besonders der Lago Grey mit dem Gletscher gleichen Namens und den blau schimmernden Eisschollen an seinem Ende.

Ein Höhepunkt meines Patagonienprogramms war der Perito Moreno-Gletscher. Er gilt als größtes Naturwunder im Nationalpark Los Glaciares. Um ihn zu erleben, ging es eines Morgens wiederum von Puerto Natales über Rio Turbio mit dem Bus ins 80 km entfernte argentinische El Calafate. Von hier aus fuhren nur noch Taxis zum Perito Moreno. Ich fand drei Mitfahrer, so dass die Fahrtkosten bis zum Gletscher am Lago Argentino aufgeteilt werden konnten.

Der Perito Moreno ist der gewaltigste der 14 Gletscher im Parque Nacional Los Glaciares. Er ist weltweit einer der ganz wenigen, die noch wachsen und ist 30 km lang. Er ragt weit in den Lago Argentino hinein und reichte damals fast bis ans Ufer herüber, an dem wir standen. Man hörte es in seinem Innern laut krachen, und manchmal brach außen ein Stück Eis ab und stürzte mit Getöse ins Wasser - ein Hör- und Schauspiel sondergleichen.

Schaulustige am Perito-Moreno-Gletscher

Zurück in El Calafate fuhr mein Bus wieder einmal mitten in der Nacht ab, diesmal zurück nach Rio Gallegos, auf fünfstündiger Tour über eine typisch südargentinische Schotterstraße. Einen Anschlussbus auf der nordwärts gehenden Ruta Nacional RN 3, der Panamericana, gab es erneut erst am Abend. Auf der von mir bevorzugten RN 40, an den Anden entlang, bestand damals kein regelmäßiger Busverkehr. So blieb nur die Atlantikroute über Nacht nach Trelew. Zuvor blieb aber noch Zeit für Besuche im Pionier-Museum, am Hafen und schließlich im - wo wohl? - Restaurant des Busbahnhofs, bis der Omnibus um 20 Uhr startete. Die Passagier-Sammelpunkte, auch Cafeterias genannt, kannte ich inzwischen zur Genüge.

Nach 16stündiger Fahrt auf der Panamericana, mit mehreren Haltstationen, u.a. in Comodoro Rivadavia an der Atlantikküste, war Ankunft kurz nach Mittag in Trelew. Ich hatte Glück und konnte einen Ausflug zur Pinguinera Punta Tombo mitmachen, einer Kolonie von zigtausenden Magellan-Pinguinen, die hier in ihrem Paradies am Atlantischen Ozean den südamerikanischen Sommer verbrachten, 120 km südlich von Trelew. Für Besucher wie unsereinen war das ein seltenes Tiererlebnis der besonderen Art.

Dann aber gings wieder in Richtung Gebirge, etwa 600 km quer durch die dünnbesiedelte Provinz Chubut, in den "Wilden Westen" Patagoniens, nach Esquel, am Fuß der Anden. Esquel ist bekannt als Ausgangsstation des berühmten "Patagonien Express", einer ursprünglich regulären Schmalspurbahn, mit deutschen und amerikanischen Dampfloks von Henschel und Baldwin betrieben.

Als ich seinerzeit früh morgens auf dem Weg nach Bariloche einen Zwischenstopp in Esquel machte, hatte ich nur wenig Zeit, um diesen berühmten, rund hundert Jahre alten Endbahnhof aufzusuchen. Damals fuhren sehr selten Dampfzüge, im wesentlichen auf von Reisegesellschaften gebuchten Sonderfahrten. Sie verkehrten auf der Strecke über El Maiten nach Ingeniero Jacobacci und zurück. Von Einheimischen wurde der Zug fast liebevoll "La Trochita" (Das Spürchen) genannt, von ausländischen Bahnfans auch "The Old Patagonien Express" (nach Paul Theroux' gleichnamigem Eisenbahn-Reisebuch).

Nach meinem kurzen Besuch am Bahnhof von Esquel setzte ich die Busfahrt fort nach San Carlos de Bariloche, der größten Stadt der Provinz Rio Negro, am Weg nach Chile. Hier war zwar meine Patagonien-Reise zu Ende, aber noch nicht meine vierte Südamerika-Fahrt. Denn diese ging weiter durch die Anden nach Osorno und Puerto Montt, später nordwärts nach Valdivia. Ab Temuco nahm ich den Zug nach Santiago de Chile und machte abschließend noch einen Abstecher zur Hafenstadt Valparaiso am Pazifik.

Nach Ushuaia auf Feuerland
Zur südlichsten Stadt der Erde

Schon der Name Feuerland (Tierra del Fuego) ist attraktiv, und er hört sich exotisch und nach weiter Ferne an. Feuerland ist bekanntlich eine Insel, ihre Hauptstadt ist Ushuaia; sie ist die am südlichsten gelegene Stadt der Erde. Feuerland ist durch die Magellanstraße (Estrecho de Magallanes) vom südamerikanischen Festland getrennt und mit Fährschiffen zu erreichen.

Warum wollte ich unbedingt nach Feuerland fahren - ans Ende der Welt? Auf drei vorhergehenden Südamerika-Reisen hatte ich bereits einen großen Teil dieses - mich sehr anziehenden - Subkontinents kennengelernt. Besonders die Anden mit ihren schneebedeckten Bergen hatten mich immer wieder in ihren Bann gezogen. Außerdem war ich bisher nicht weiter südlich als zur Linie Santiago - Buenos Aires gekommen. Somit war klar, dass ich auch noch den unteren Teil des Kontinents für mich entdecken wollte. Ich fuhr also von Buenos Aires aus mit dem Zug südwärts nach Bahia Blanca und von dort (mit dem Bus) über Comodoro Rivadavia nach Rio Gallegos, wo der gleichnamige Fluss in den Atlantik mündet.

Sodann gings nach Punta Arenas an der Magellanstraße. Ein weiterer Omnibus, in dem ich gerade noch den zweitletzten Platz erwischt hatte, brachte mich zur Anlegestelle der Autofähre bei Punta Delgada. Mehrere andere Busse waren schon da; auch Lastwagen, Pkw und ein Wohnmobil wurden mitbefördert. Die Überfahrt nach Bahia Azul auf Feuerland dauerte nur eine knappe halbe Stunde; somit blieb noch genügend Zeit für die heutige Reise zur argentinischen Inselhauptstadt Ushuaia.

Ushuaia, die südlichste Stadt der Welt

Dorthin wurde auf einer Schotterstraße in Richtung Rio Grande weitergefahren. Die Landschaft war bergig und kaum bewohnt. Nach etwa drei Stunden tauchte der chilenische Grenzposten San Sebastian auf. Gleich daneben lud die Hosteria "La Frontera" zuvor noch zum Mittagessen ein: Suppe mit viel Fleisch und Brot - gut gegen den Hunger!

Anschließend gings zum Abstempeln der Pässe, zunächst auf chilenischer, danach auf argentinischer Seite. Hier wurden alle Fahrgäste namentlich aufgerufen und einzeln samt Gepäck durchkontrolliert; das dauerte seine Zeit. Dank des Busfahrers, der mich als Tourist deklarierte, musste ich die Reisetasche nicht durchsuchen lassen; ich durfte sogar im Zollbereich herumfotografieren.

Die Fähre nach Feuerland - über die Magellanstraße

Nach einer Stunde war das Durchstöbern der Gepäckstücke der anderen Passagiere beendet, auch dank der zuvorkommenden Mithilfe des Beifahrers, der sogar Süßigkeiten an die Fahrgäste verteilte. Nach einer weiteren guten Stunde erreichten wir Rio Grande; davor hatten wir prompt eine Reifenpanne gehabt. Ein neuer Bus startete sodann zur letzten heutigen Etappe nach Ushuaia, der Hauptstadt der argentinischen Provinz Feuerland. Das kostete nochmal um die 20 Dollar. Ab Tolhuin, etwa 100 km vor dem Reiseziel, wurde die Landschaft schöner, gebirgiger und dramatischer, die Straße hingegen blieb unbefestigt; sogar einige Radler waren unterwegs.

Ankunft in Ushuaia, am Ende der Welt, war um 22 Uhr. Ein Taxi brachte mich zum zentral gelegenen Hostal (Hospedaje) Malvinas, das ich aus einem Reiseführer herausgesucht hatte. Die mich empfangende Mitarbeiterin war auch zu später Tageszeit noch freundlich und hilfsbereit, überall gute Stimmung.

Ushuaia liegt am Beagle-Kanal, der die Tierra del Fuego zu den südlichen chilenischen Inseln der Provinz Antarctica hin abgrenzt und inzwischen rund 60.000 Einwohner hat. Vom Hostal aus konnte man zu damaliger Zeit sogar ein Fax vom "Ende der Welt" nach Hause schicken - und auch entgegennehmen. Von der Bahnstation Fin del Mundo, die außerhalb der Stadt lag, fuhr erfreulicherweise ein Schmalspur-Dampfzug etwa zehn Kilometer in den Nationalpark Feuerland hinein, einem Naturparadies mit kleinen und großen Seen. Nach Rückkehr ging ein Schiff, die "Rumba Sur", auf Rundfahrt, u.a. zu einer Seelöwenkolonie, zum Leuchtturm und an einem Schiffswrack vorbei. Ein Besuch im Museo Fuegino war auch deshalb interessant, weil man dort einen Stempel vom Ende der Welt in den Pass bekam, mit dem Datum vom 13.1.1998. In der Museumsbibliothek gab es sogar einige deutschsprachige Bücher, u.a. von G.Plüschow "Silberkondor über Feuerland" und von M. Schillat "Feuerland".

Am Abend besuchte mich der deutsche Honorarkonsul von Feuerland, der einige gute Infos auf Lager hatte. So erfuhr ich u.a., dass die südlichste Eisenbahn der Welt 1994 wieder in Betrieb genommen wurde, nachdem sie zu Beginn des Jahrhunderts schon einmal Dienst als Gefangenenzug und zum Holztransport getan hatte. Seinen Namen hat Feuerland offenbar von den vielen Indianerfeuern bekommen, die die Seefahrer früherer Zeiten von den Bergen der Insel haben herüber leuchten sehen. So wohl auch der Weltumsegler Fernando Magallanes, der 1520 den nach ihm benannten Seeweg entdeckt hatte. Der Konsul berichtete auch über ein deutsches Schiff "Monte Cervantes", dessen Wrack vor Ushuaia auf Grund lag.

In Ushuaia beginnt die Carreterra Panamericana, die internationale Fernstraße, die auch durch Patagonien, ganz Lateinamerika und bis Alaska führt.

An der Bahnstation in Ushuaia - am "Ende der Welt"

Für die Rückfahrt von der Insel konnte ich bedauerlicherweise die Direktfähre von Porvenir nach Punta Arenas nicht nehmen, denn dafür fuhr sie zu selten (höchstens einmal täglich). Es blieb die Engstelle am Estrecho de Magallanes, wie bei der Hinfahrt. Zum ersten Mal auf dieser Reise war etwa ein Dutzend Touristen mit mir im Bus. Über Patagonien gings später nordwärts durch die weite Pampa nach Bariloche am Fuß der Anden und über die Berge nach Osorno in Chile.

Afrika

Von Algier über Tam nach Agadez
Eine Sahara-Durchquerung mit Pech und Pannen

Einmal die Sahara von Nord nach Süd zu durchqueren war und ist für viele Reisende ein Wunschtraum. Vor über 40 Jahren wollte auch ich die Wüste aus der Nähe kennenlernen. Das begann erstmal in Ägypten und im Sudan, ein Jahr später dann in Tunesien, Algerien und Marokko.

Im Hafen von Marseille -die Fähre nach Algier

Zusammen mit einem Kollegen und einem fast 20 Jahre alten Ford Taunus hatte ich mich damals Ende der 1970er Jahre zu einer Nordafrika-Rundfahrt aufgemacht. Seit der Mittelmeerfähre begleiteten uns zwei Motorradfahrer.

Über Tunis im algerischen Ghardaia angekommen, ließen wir unser Auto und die Motorräder dort stehen. Per Bus machten wir uns in den Süden des Landes auf, über El Golea und In Salah nach Tamanrasset im Hoggar-Gebirge. Anschließend gings zurück zu den eigenen Fahrzeugen und mit diesen (nach Kühlerreparatur) über Marokko heimwärts. Die ersten guten Erfahrungen mit der Wüste waren nun gemacht, und der Traum einer eigenständigen Sahara-Durchquerung schien realisierbar.

An einem Dezemberabend erfolgte in München der Aufbruch in einem recht alten VW-Bus - mit Ankunft am Silvestermorgen in Mailand. In der folgenden Neujahrsnacht 1984 wollten dann mitten in Marseille einige Gauner auf Mopeds unseren Bulli frecherweise aufbrechen; wir konnten sie jedoch unverrichteterdinge in die Flucht schlagen. Nach dem Einschiffen nahm unsere Fähre Kurs auf Nordafrika: Ziel war Algier. Allerdings erlitt das Schiff unterwegs einen Maschinenschaden mit Ausfall eines Motors; Ankunft in Algerien war folglich mit einem halben Tag Verspätung.

Der Einlass ins Land wurde weitere vier Stunden später genehmigt, nach Zollabfertigung, Kfz-Versicherungsabschluss, Zwangsumtausch und Devisenerklärung. Noch im Hafen brach die nächste Dunkelheit herein. In der Früh weckte uns die Polizei und schickte uns in die Wüste (was wörtlich zu nehmen war). Wir durchquerten das Atlas-Gebirge, kamen durch Djelfa und Laghouat - und wurden ständig von Rennfahrern der Rallye Paris - Dakar überholt. Die Polizei hielt uns für ebensolche und winkte uns durch. Die Lenkung des VW-Busses zeigte erste Schwächen aufgrund der Überladung, u.a. mit einem schweren Ersatzmotor. Mein Reisekollege gab das Steuer nicht mehr aus der Hand - auch gut, dachte ich, dann bin ich nicht schuld, wenn der Bulli streikt. Nachts hatte es Minusgrade; auf dem Markt von Ghardaia gabs Tee zum Aufwärmen. Die nächste Übernachtung war nicht in freier Landschaft, sondern auf dem Campinplatz des algerischen Automobilclubs in El Golea, mehrere hundert Kilometer südlich von Algier.

Nun kam ein mittlerer Sandsturm auf, die Straße war trotz Verwehungen noch zu sehen, der Gegenverkehr aber selbst mit Licht erst spät. Die Oase In Salah besaß ebenfalls einen Campingplatz. Der Platzverwalter hatte neben seinem Schreibtisch ein kleines Lagerfeuer zum Händewärmen entzündet; niemand fand das gefährlich. Seit dem Schiff waren wir übrigens in Begleitung zweier Mercedesfahrer (anstelle der Motorradler). Der Kühlwasserschlauch von deren 280 SE, der in Benin verkauft werden sollte, wurde unterwegs undicht und musste geflickt werden.

Inzwischen waren wir, nach längerer Pisten-Umleitung, zur Arak-Schlucht gelangt. Dort waren auch einige Rallye-Fahrzeuge mit Defekten gestrandet, meist Franzosen und Italiener. Ihren Frust spülten sie mit Cognac hinunter, wir durften - im Café hinter der Tankstelle - auch beim Umtrunk mithalten.

Gestrandete Fahrzeuge der Rallye Paris-Dakar

Tags darauf machten wir einen Abstecher zum Marabout Moulay Hassan, einem Wüstenheiligtum. Dreimaliges Drumherumfahren sollte Glück bringen; wir verzichteten auf das Umkreisen... In der Nähe lag ein ausgebrannter VW-Bus an der Strecke, der auf brauchbare Teile untersucht wurde. Etwa 30 km vor der Oase In Ecker campten wir neben der Straße; es war kaum Verkehr, die Rallye Dakar war schon weit voraus. Wir starteten bald nach Sonnenaufgang; aber bereits nach wenigen hundert Metern trat an der Lenkung ein Defekt auf, die Vorderräder reagierten nicht mehr auf Steuerbewegungen. Die Diagnose war absehbar: Lenkkopf gebrochen. Ohne Schweißgerät war eine Reparatur nur durch Ausbau und Ersetzen der Vorderachse möglich. Zwei von uns trampten zum Marabout zurück, in dessen Nähe wir tags zuvor einen schrottreifen VW-Bus gesehen hatten, und bauten bei diesem die noch intakte Vorderachse aus - und später bei unserem Fahrzeug wieder ein. Die Reparatur mitten in der Wüste dauerte einschließlich Ersatzteilbeschaffung knapp zwei Tage. Noch am Abend setzten wir die Reise fort und kamen nachts nach einer Fahrt auf übler Umleitungspiste in Tamanrasset (Tam) an. Für eine Flasche Whisky übernachteten wir im (geheizten) Tahat-Hotel. Wir siedelten dann auf den Campingplatz von Tam um und verkauften einige unserer vielen Ersatzteile (Motor, Aggregate, Abschleppstange usw.). Die wachsame algerische Polizei verhängte zwischendurch einen saftigen Strafzettel wegen Befahrens einer Einbahnstraße in Gegenrichtung.

Wegen grundlegender Meinungsverschiedenheiten über die bisherige und die weitere Fahrtgestaltung trennte ich mich in Tam ohne Zank und Streit, wenn auch mit etwas bitterem Gefühl, von meinem Reisebegleiter. Nach finanzieller Abrechnung und Verteilung der Lebensmittelvorräte und einiger Ausrüstungsgegenstände fuhr er mit dem Bus allein weiter. Meinen geldwerten Anteil am Fahrzeug überwies er mir später. Ich wartete derweil mit zwei Pappkartons und drei Taschen auf dem Campingplatz von Tam auf bessere Zeiten und neue Reisepartner.

Ich hatte Glück und freundete mich mit einer Gruppe von acht Franzosen und Algeriern an, die mit fünf Autos, davon vier Peugeot 504, auf der Fahrt in Richtung Westafrika waren. Sie boten mir an, das schwierigste Wüstenstück bis Arlit im Niger mit ihnen mitzufahren. Eine Kostenbeteiligung lehnten sie ab; ich konnte mich jedoch mit meinen reichhaltigen Vorräten an Lebensmitteln und Getränken, vor allem Dosenbier, revanchieren.

Mit meinen neuen Freunden fuhr ich bald weiter. Der Zoll am Ortsausgang von Tam konnte dank guter Beziehungen und Erfahrungen der Algerier ziemlich rasch passiert werden. Vor Einbruch der Dunkelheit suchten wir einen Übernachtungsplatz und sammelten Holz und Kamelmist für ein Lagerfeuer. Die Algerier bereiteten ein Abendessen nach einheimischen Rezepten; dazu gab es bayerisches Bier aus meinen Vorräten. Darauf folgten arabische Lieder; die Stimmung hätte nicht besser sein können.

Tags darauf legten wir etwa 250 km Pistenstrecke in Richtung In Guezzam zurück und campten mitten in den Dünen. Um uns herum steckten mehrere Fahrzeuge im Sand. Wir machten wieder ein gemütliches Lagerfeuer und erholten uns von der Fahrt durch den vielen Weichsand, in dem auch wir mehrfach hängengeblieben waren; durch Schieben, Ziehen und Schaufeln konnten wir uns jeweils schnell wieder befreien.

Staubige Schotterpiste in der Zentral-Sahara

In aller Frühe fuhren wir dann zum algerischen Ausreise-Grenzposten In Guezzam weiter. Wir besorgten am dortigen Brunnen nochmals Wasser und tankten Benzin. Die Grenze konnten wir wegen mehrstündiger Mittagspause der Beamten und ziemlich genauer Kontrolliererei erst am Abend passieren. Eine Mitfahrerin wurde wegen Fälschung der Devisenerklärung und einer Studienbescheinigung festgehalten; gleiches widerfuhr dem Fahrer des Fahrzeugs, in dem sie mitreiste, ebenso einigen Motorradfahrern. Wir, die durchgekommen waren, campierten wenige Kilometer hinter In Guezzam im Niemandsland zum Niger. Nachts wehte ein starker Wind, der am nächsten Morgen zum Sandsturm wurde und ein Weiterfahren unmöglich machte. Wie wir später hörten, war an diesem Tag auch die Grenze geschlossen. Wir hockten allesamt in einem großen Geländewagen und vertrieben uns die Zeit. Abends stieß erfreulicherweise Paul wieder zu uns, der tags zuvor wegen seiner Beifahrerin festgehalten worden war; diese musste nach Tamanrasset zurück und wurde bestraft. Das Wiedersehen mit Paul versuchten wir am Lagerfeuer zu feiern; der immer noch heftige Wind trieb uns jedoch in die Autos zurück.

Der Sturm hatte in der folgenden Nacht so weit nachgelassen, dass wir am Morgen zum 30 km entfernten Einreisegrenzposten des Niger – Assamaka – hinfahren konnten. Von den Grenzern wurden nach einigem Warten sämtliche Taschen und Kisten gründlich durchwühlt; auch wollten sie Uhren und andere Geschenke haben. Des weiteren sollten mindestens 1000 DM Bargeld vorgewiesen werden (oder eine Kreditkarte), und es war eine vorübergehende Einfuhrgenehmigung für das Fahrzeug (Laissez-Passer) zu beantragen. Schließlich war auch diese Prozedur geschafft, und die Republik Niger durfte betreten bzw. befahren werden.

Wärmendes Feuerchen im Campingplatz-Büro

Wir fuhren teilweise in Sichtweite der Pistenmarkierungen, der sog. Balisaden (Eisenstangen oder Blechtonnen), die im Abstand von 1 km aufgestellt, oft aber umgefallen waren oder sogar ganz fehlten. Teilweise bewegten wir uns weit draußen im Gelände, da dort die Gefahr des Einsandens nicht sehr groß war. Jedoch konnte man sich ohne Kenntnis der Strecke und der Gegend leicht verfahren und verirren. Die algerischen Fahrer waren indes sehr wegekundig; trotzdem blieb der eine oder andere da und dort in einem Sandloch hängen. Nach stundenlanger Fahrt durch eine relativ eintönige, sandige Ebene tauchten schließlich immer mehr Büsche und verdorrte Grasbüschel auf, und endlich erkannte man die Umrisse der Uranbergwerke von Arlit.

Ausgeschlachtetes Pannenfahrzeug in der Sahara

Hier begann auch eine sehr gute, da neue Asphaltstraße. Ziemlich am Ortsbeginn gab es ein brauchbares Restaurant mit dazugehöriger Bar, wo Bier und Spirituosen ausgeschenkt wurden – erstmals wieder nach einer langen Durststrecke im wahrsten Sinne des Wortes.

Ein Besuch bei der Polizei zwecks Paßabstempelung war obligatorisch; ebenso musste erneut eine Kfz-Haftpflichtversicherung abgeschlossen werden. Nach stundenlangem Warten beim Versicherungsagenten schloss dieser plötzlich seinen Laden mit dem Hinweis, wir könnten ja am nächsten Morgen wieder kommen. Wir übernachteten wohl oder übel auf dem Campingplatz an der Straße in Richtung Agadez.

Tags darauf erreichten wir innerhalb weniger Stunden auf guter Teerstraße Agadez, das südliche Tor zur Sahara. Auch hier führte der erste Weg zur Meldung bei der Polizei. Danach gings auf den Markt zum Fleischspießchenessen, einer hiesigen Spezialität, und zum lang entbehrten Duschen im Hotel; die Haare, die Kleider, alles war voller Sand. Wir entspannten uns allmählich, und es wurde uns bewusst, dass die eigentliche Wüste hinter uns und Westafrika vor uns lag.

In Agadez ist zwar die Sahara-Durchquerung zu Ende gewesen, aber noch nicht meine Reise. Mit Paul, meinem Fahrer, kamen wir bis Dogondouchi, jedoch nicht aus eigener Kraft. Denn nachdem unterwegs sein Auto mit lautem Krach stehengeblieben war, mussten wir von einem überladenen Buschtaxi dorthin abgeschleppt werden. In einer Herberge mit Bar schwemmten wir bis Mitternacht unseren Ärger über die Panne hinunter. Tags darauf trampte ich von einem Polizeiposten aus nach Niamey, nachdem Pauls Freunde eingetroffen waren und zur vermutlich langdauernden Reparatur schritten.

Auf dem Umweg über Ouagadougou / Burkina Faso reise ich mit verschiedenen Buschtaxis nach Togo weiter. In Atakpamé, etwa 200 km nördlich von Lomé gelegen, stieß ich auf die zur Hauptstadt führende Bahnlinie. Sie wurde während der deutschen Kolonialzeit gebaut. Am nächsten Abend fuhr tatsächlich ein Zug nach Lomé. Er hielt zwar fast in jedem Dorf, kam jedoch glücklicherweise irgendwann an seinem Ziel an, dem Hauptstadt-Bahnhof unweit des Meeres. Damit war meine vierwöchige Reise durch die Sahara doch noch zu einem guten Abschluss gekommen, wenn auch nach einigem Pech und mehreren Pannen.

Reise in den Sudan - über Land und Meer
Wo der Blaue und der Weiße Nil sich treffen

Bis zum Zusammenfluss von Weißem und Blauem Nil - nach Khartum im Sudan - sollte die Reise zumindest gehen, gern auch weiter. Vor über 40 Jahren, im November 1978 startete ich am Münchner Hauptbahnhof, im Hellas-Express nach Griechenland. Der Express-Zug benötigte für die Strecke München - Athen etwa 42 Stunden. In Athen besorgte ich das Ticket für das Fährschiff von Piräus nach Alexandria in Ägypten.

Einheimischer Segler auf dem Nil bei Assuan

Am dritten Tag der Schiffsreise lief die Fähre morgens um 7 Uhr, nach gut 30stündiger Fahrt, im Hafen von

Alexandria ein. Am gleichen Tag gings mit dem Zug nach Kairo. Im dortigen Hauptbahnhof wurde man fast erdrückt von den Menschenmassen. Die Passagiere hingen teils außen an den Zügen oder saßen auf deren Dächern.

Mit einem Empfehlungsschreiben der Deutschen Botschaft erhielt ich bei der Vertretung des Sudan ein Visum für dieses Land. Bei den Pyramiden von Gizeh beauftragte ich tags darauf einen Touristenführer damit, mich auf die Spitze der Mykerinos-Pyramide zu lotsen; damals war das noch nicht verboten. In der Sudanese Nile Navigation kaufte ich mir die Fahrkarte für die Fähre von Assuan nach Wadi Halfa im Sudan (für 29 DM). Für die 700 km durchs Niltal nach Luxor brauchte der Zug 11 Stunden. Ich ließ mich dort über den Nil schippern und mietete drüben ein Fahrrad, mit dem ich ins 15 km entfernte Tal der Könige radelte, zu den Gräbern von Tut-ench-Amon und Thutmosis.

Am gleichen Abend erwischte ich noch den Zug nach Assuan, der um Mitternacht ankam. Die Anlegestelle der Sudan-Fähre am Staudamm Sadd-el-Ali war mit einem Schmalspurbähnchen zu erreichen. Ich fuhr mit ein paar anderen Leuten bis zur Endstation, was viel zu weit war. Als der Lokführer unsere Ratlosigkeit sah, nahm er uns auf seiner Lokomotive mit zurück - eine tolle Sonderfahrt! Im Fährhafen lagen vier seltsame, seitlich zusammengebundene Boote, die uns wohl in das mehrere hundert Kilometer entfernte Wadi Halfa bringen sollten? So wars, und bald wurden Allradfahrzeuge, viele Handelswaren und noch mehr Reisegepäck sowie über 300 Passagiere an Bord gelassen. Ich hatte einen Kabinenplatz gemietet. Die meisten mitreisenden Sudanesen und Ägypter belegten an Deck sämtliche verfügbaren Flächen.

Ankunft der Fähre aus Assuan in Wadi Halfa / Sudan

Eine mindestens 40stündige Fahrt über den riesigen Nasser-Stausee erwartete mich. Zwischen 23 und 4 Uhr legte die Fähre am Ufer an - der Kapitän und seine Mannschaft brauchten Nachtruhe! Etwas Abwechslung brachte am nächsten Tag das mehrfache Anstehen zum Essenholen; Teller und Besteck musste man selbst mitbringen. In der zweiten Nacht wurde das Schiff für einige Stunden in Abu Simbel festgemacht. Von den weltberühmten Statuen war in der mondlosen Nacht nichts zu sehen. Am Morgen danach näherten wir uns auf dem Nasser Lake schließlich Wadi Halfa im Sudan. Dort durften die paar Touristen ohne Auto erstaunlicherweise als erste an Land!

Begegnung auf der Piste nördlich von Khartum

In einem sehr einfachen Hotel in Bahnhofsnähe konnten Aart, ein Holländer, und ich übernachten. Ich inspizierte den am Gleis stehenden Zug nach Khartum. Drinnen war die Luft sehr stickig, die Atmosphäre ungemütlich und die Plätze ziemlich ausgebucht. Der Wüstenzug würde bis zur Hauptstadt mindestens

36 Stunden unterwegs sein, bei Sandstürmen erheblich länger.

Da war ich doch froh, dass Aart und mir von einem Engländer namens Peter schon auf dem Schiff angeboten wurde, ihn in seinem Geländewagen nach Khartum zu begleiten. Am nächsten Morgen wurden wir von ihm im Landcruiser abgeholt. Er musste lang verhandeln und viel Bakschisch bezahlen, bis ihm die Behörde eine Benzinration zuteilte. Erst dann konnten wir Wadi Halfa in Richtung Nubische Wüste verlassen. Zum Übernachten schlief ich quer über den vorderen Autositzen, Peter hinten und Aart in seinem Zelt. Bei der Weiterfahrt orientierten wir uns an der Eisenbahnlinie, der wir bis Abu Hamed folgten. Dort stießen wir, nach mehr als 350 km purer Wüste, auf den Nil. Bis dahin waren wir mehrfach im Sand steckengeblieben, konnten uns aber durch Schaufeln und Schieben daraus befreien. Fremde Fahrzeuge hatten wir keine gesehen.

Am vierten Tag in der Sandwüste wollte Peter bis zum Abend unbedingt Khartum erreichen. Berber hieß die nächste Stadt, wo wir wieder staatlichlicherseits Benzin zugeteilt bekamen, dasselbe Spiel auch in Atbara. 40 km vor der Hauptstadt ging die Piste in eine Asphaltstraße über, nach fast 1000 km Wüste. Wir waren froh, endlich in der Hauptstadt zu sein - wo der Weiße und der Blaue Nil zusammenfließen.

In Khartum gab es im Vergleich zu Kairo erheblich weniger Verkehr und kaum Hektik - die Leute hatten viel Zeit. Dafür blühte die Bürokratie: man brauchte eine Fotografiergenehmigung, eine Reiseerlaubnis in den Südsudan und eine polizeiliche Anmeldung. Omdurman, die Schwesterstadt von Khartum, hatte einen berühmten Kamel- und Viehmarkt sowie einen großen Basar zu bieten. Beim Kauf eines Turbans zeigte mir der Händler, wie man ihn bindet, damit er gegen Sand und Sonne schützt.

In Khartum-Süd tanzten sich jeden Freitagabend die Derwische auf einem Friedhof in Ekstase. Auf dem Weg dorthin nahm ein Sudanese mich und Aart in sein Haus mit, wo er gastfreundlich Tee und Essen servierte. In Restaurants durfte man mangels Speisekarte mit in die Küche kommen und per Fingerzeig aus den Kochtöpfen auswählen.

Inzwischen hatten wir uns nach Fahrtmöglichkeiten in den Süden des Landes, nach Juba, erkundigt. Die Auskünfte waren sehr widersprüchlich; sie besagten soviel wie: macht euch auf den Weg, dann werdet ihr schon sehen.

Händler auf dem Kamelmarkt in Omdurman

In Kosti, etwa 200 km südlich der Hauptstadt, kam die Offenbarung: Der Nil, der längste Strom Afrikas, war so stark über seine Ufer getreten, dass die Pisten in seiner Nähe noch längere Zeit nicht befahrbar sein würden. Außerdem war das Nilschiff ausgefallen. Aufgrund dieser schlechten Umstände und aus Zeitmangel für größere Umwege war an Juba nicht mehr zu denken. So blieb nur die Rückkehr per Lkw zur Hauptstadt und der Heimflug nach Deutschland. Jedoch war die lange Reise über Land und Wasser von München nach Khartum die ganzen Mühen wert gewesen.

Mauretanien im Eisenerz-Zug
Nach Choum und Chinguetti

Über Mauretanien ist in unseren Breiten kaum etwas bekannt, obwohl es fast dreimal so groß wie Deutschland ist. Es hat jedoch nur etwa vier Millionen Einwohner, davon leben ungefähr eine Million in der Hauptstadt Nouakchott, die aber erst für später auf dem Reiseplan stand. Wenn man wie ich aus Marokko (und der von diesem besetzten Westsaharagebiet) kam, reiste man über die Grenzstadt Nouadhibou ein.

Das "Eiserne Kamel" in Nouadhibou / Mauretanien

Ich war mit einer Art Familienkutsche (Vater, Mutter und Sohn sowie drei Fahrgäste) aus Dhakla, das etwa

300 km nördlich liegt, hergefahren. Am marokkanischen Grenzübergang wurde nach Erledigung der Ausreiseformalitäten in ein Taxi umgestiegen - wieder saßen zwei Personen vorn, vier hinten, in einem Peugeot 405. Dieser holperte über das etwa 7 km lange, felsige und nicht asphaltierte Niemandsland bis zum mauretanischen Grenzposten, der aus ein paar Hütten für die Beamten bestand, in denen sie wohl auch übernachteten. Die Warterei samt Abstempelungs- und Eintragungsvorgängen - und trotz Verzicht auf eine Gepäckkontrolle gegen ein Cadeau (= Schmiergeld) - dauerte um die zwei Stunden; eine halbe Stunde später machte die Grenze um 18 Uhr über Nacht dicht. Bei einem Nomadenzelt am Weg machten wir Halt und tranken Kamelmilch, inmitten von (einhöckrigen) Dromedaren und Ziegen; der Fahrer verrichtete derweil sein Abendgebet. Sodann fuhren wir in Nouadhibou zum nächstbesten Hotel, das aber nichts taugte, danach zum El Jazira, das bei mir Gefallen fand und wo ich übernachtete.

Der Zug nach Choum sollte etwa um 14 Uhr abfahren. Bis dahin war noch genug Zeit für Erledigungen in und um Nouadhibou. Dafür besorgte ich mir mit Hilfe eines Hotelangestellten ein Taxi zum Preis von umgerechnet 9 Euro - um für einige Stunden herumgefahren zu werden. Erste Station war die Eisenbahngesellschaft SNIM am Güterbahnhof und Atlantikhafen. Da man hier nicht ohne Voranmeldung hineinkam, fuhren wir zum Büro des Transportdirektors der Bahn, wo ich mir einen Liegeplatz für die nächtliche Zugfahrt reservieren und kaufen wollte. Der Direktor übertrug diese Aufgabe einem Angestellten, der mir am Personenbahnhof helfen sollte, einen Platz zu bekommen. Für diesen hatte ich den Preis von drei Sitzplätzen à 1000 UM (zusammen rund 9 Euro) zu zahlen. Fotografieren durfte ich ebenfalls. Statt wie von mir angeboten, in einem Restaurant mittagzuessen, nahm mich der Taxifahrer zu sich nach Hause mit. Dort wurde zu viert aus einem Riesenteller Reis, Soße und etwas Huhn gegessen; jeder griff mit seinem Löffel zu. Dafür zahlte ich drei Euro pro Mann, für den Fahrer und mich. Unterwegs kaufte ich noch einen Turban und Proviant für die Zugfahrt.

Am Bahnhof, der als solcher vor lauter Sand kaum zu erkennen war, hatte sich gegen 14 Uhr eine Ansammlung von Leuten gebildet: Fahrgäste, Händler und Bahnpersonal. Mein Taxifahrer wurde gut entlohnt (mehr als vereinbart) für rund vier Stunden Dienst. Endlich kam gegen 16 Uhr der kilometerlange Güterzug angefahren. Zu diesem, einem der längsten Züge der Welt, muss noch gesagt werden, dass er jeweils mit bis zu 250 Waggons unterwegs war. Er wurde auch als "Eiserne Schlange" bezeichnet. Sein Hauptziel war Zouerate in einem Eisenerz-Abbaugebiet, wo er leer ankam und beladen zum Atlantikhafen in Nouadhibou zurückfuhr. Auf etwa halber Strecke, nach 350 km, erreichte er Choum, eine Ortschaft mitten in der Wüste. Gezogen wurde er von drei starken amerikanischen Dieselloks.

Ein Großraumwagen im Zug nach Choum

Das Interessante an diesem Zug war, dass er nachmittags drei Personenwagen mitführte, die hinten angehängt wurden. Mindestens einer davon war ein Liegewagen; die anderen waren - mit an den Wänden umlaufenden Bänken - Sitzwaggons. Sie kamen genau am Bahnhof zum Stehen.

Dann begann der Kampf um die Plätze. Mein Helfer erkämpfte mir tatsächlich einen Liegeplatz, den einzigen nicht defekten in einem Viererabteil. Er strahlte - ich auch! Selbst die Einheimischen, drei Westsahara-Bewohner in meinem Abteil, angeblich Polisario-Rebellen, schimpften über den verhauten Zustand der Sitz- und Liegemöbel.

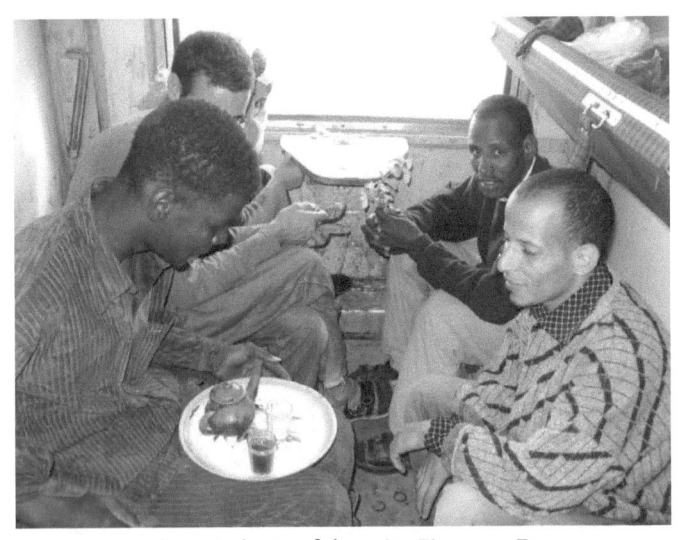

Einheimische Mitfahrer im Eisenerz-Zug

Aber sonst waren sie gutgelaunt, wie überhaupt die meisten Mitfahrenden samt Schaffner. Die Polisarier konnten kaum Französisch, nur etwas Spanisch (dank ihrer Herkunft aus der früheren Kolonie Spanische Westsahara) und natürlich Arabisch.

Bald wurde in allen Waggons mit Gasflaschen Tee gekocht - ich wurde auch ständig mitbedacht und spendierte Kekse, Bananen und Wasser.Nachdem die Zutritts- und Platzgefechte zu Ende waren, setzte sich der Zug mit einem fürchterlichen Ruck in Bewegung - ein Mitreisender im Abteil schlug sich dabei das Bein blutig (und behandelt es durch Auflegen von feinem Tabak). Dieses heftige Rucken wiederholte sich noch häufig auf der Fahrt - nicht nur beim Anfahren, sondern teils auch beim Verlangsamen oder Abbremsen. Außer diesen nicht ungefährlichen, abrupten Bewegungsabläufen in Fahrtrichtung schwankte und rüttelte der Zug auch ganz heftig seitwärts, als würde er stark schlingern. Wahrscheinlich war der kilometerlange Zug mit 250 Wagen am hinteren Ende kaum mehr zu beherrschen. Da es auch kein elektrisches Licht gab, wurde mit Kerzenlicht für Beleuchtung gesorgt.

Nach den vier Viererabteilen kam eine Art Großraumabteil mit Bänken an den Wänden; ansonsten konnte man sich auf den Boden setzen! Im Großraum ging es zu späterer Stunde hoch her: Es wurde gesungen, geklatscht und musiziert - fast bis Mitternacht. Auch in unser Abteil kamen weitere Passagiere. Ich lag ziemlich weit oben, worüber ich heilfroh war. An Schlafen war allerdings überhaupt nicht zu denken - und wenn, dann allenfalls bis zum nächsten Knalleffekt des Zugs. Zum Tagebuchschreiben war es fast nix angesichts der verrückten Zugbewegungen.

Die Landschaft draußen, durch die total verschmutzten Fensterscheiben kaum zu erkennen, bestand nur aus Wüste, manchmal mit kleinen Dünen geschmückt. Ein paarmal hielt unser Zug, etwa um einen beladenen Gegenzug vorbeizulassen. Erst weit nach Mitternacht wurde der Schlaf übermächtig. Aber schon bald nach 4 Uhr kam der Schaffner herein und rief "Choum". Dann wurde der Zug auch schon langsamer und hielt - wieder zielgenau - an einem Schild "Arrêt Passagers" (Halteplatz für Fahrgäste). Nix wie raus in die Nacht, aber Vorsicht: von der Treppe zum Boden musste man abspringen. Unten wurde man mehr oder weniger sanft in Empfang genommen. Der Bahnhof von Choum bestand offenbar hauptsächlich aus obiger Tafel "Arrêt Passagers". Dort warteten schon Allradfahrzeuge, überwiegend Landcruiser, auf die Fahrgäste. Der Schaffner sagte mir noch, die Fahrt nach Atar dürfe nicht mehr als 3000 - 4000 UM kosten - wenigstens ein Anhaltspunkt. Die genaueren Zahlen erfuhr man später; die hiengen auch von einem Sitzplatz im Fahrzeug oder auf dessen Ladefläche ab.

Von 4.30 bis 5.30 Uhr in der Früh wurde vor einem Krämerladen gewartet, bis 16 Fahrgäste beisammen waren; hinzu kamen noch Säcke, Reifen und Gepäck sowie - seitlich am Fahrzeug hochgebunden - eine Ziege. Zwei Stunden etwa dauerte die erste Hälfte der Fahrt, überwiegend im Dunkeln und auf einer sandigen Piste bis zu einer kleinen Ansammlung von Hütten, wo eine halbe Stunde Rast gemacht wurde.

Die "Eiserne Schlange" mit rund 250 Güterwagen

Wir wurden in eine Hütte hineingebeten, wo es Tee und Ziegenmilch in einer Schüssel gab, aus der alle tranken. Bei Tag gings weiter; die Ziege hatte am Boden Futter bekommen und wurde für weitere zwei Stunden wieder in ihre Plastikplane verpackt. In Atar gab es vor allem Dattelpalmen; die Hälfte der Landesproduktion stammte von hier.

Irgendwo in der Stadt war Endstation, und gleich warteten viele hilfreiche Geister, vor allem Taxifahrer. Die beiden Mitfahrer hatten sich einen Campingplatz ausgesucht. Ein Taxifahrer brachte mich zu verschiedenen Hotels; das vierte sagte mir zu und kostete etwa 25 Euro. Beim Auspacken stellte ich fest, dass mein 2. Fotoapparat fehlte. Er konnte eigentlich nur im Zug nach Choum abhanden gekommen sein. Auf dem Weg zum Geldwechseln traf ich Martijn und den Griechen aus dem Zug wieder. Wir gingen später zusammen zur Polizei, um den Diebstahl zu melden. Die Beamten schauten fern, der Chef im Liegen, aber es wurden trotzdem die wichtigsten Daten aufgenommen. Morgen könne ich das Protokoll abholen, was ich dann auch tat. Im Hotel bekam ich das Abendessen auf der Terrasse serviert: Spießchen, Fritten, Tomaten; zum Nachtisch gabs Obst. Im Fernseher lief das Fußballspiel Mauretanien - Senegal.

Beim Sammeltaxi nach Chinguetti, dem Gare Routiere, warteten bereits zwei Amerikanerinnen. Statt um 11 Uhr fuhr der Pritschenwagen fast anderthalb Stunden später ab. Insgesamt hatte er wieder mehr als ein Dutzend Leute und zwei Ziegen an Bord. Schon nach einer halben Stunde, nach einem Knall, war ein Reifenwechsel fällig. Es waren kaum Autos unterwegs, aber zwei der wenigen standen ebenfalls mit Panne auf der Straße. Bald erklommen wir auf einer kurvigen Strecke ein Hochplateau. Auf der Passhöhe wartete schon die Polizei mit einer Ausweiskontrolle auf. Die Daten der Ausländerpässe wurden wieder in ein dickes Buch eingetragen. Zwei Stunden später platzte der nächste Reifen, hinten rechts - wieder Pause. Schließlich kam gegen 15 Uhr Chinguetti in Sicht. Mein neuer schwarzer Turban hatte auf der Fahrt gute Dienste getan und vor Sonne und Zugwind geschützt. Wir tranken erstmal Tee in der Auberge Zarga, in einer Zelthütte. Danach gings zur Altstadt, wo ich die uralte Bibliothek von Saïf und sein Museum besichtigte; die Moschee konnte nur von außen betrachtet werden. Im Ort gab es mindestens vier weitere Bibliotheken mit Koran- und anderen Texten, teils aus dem Mittelalter. Früher waren es sogar mehr als ein Dutzend; eine mit Namen Moulay Ahmed war noch im Familienbesitz. Wegen seiner alten Schriften- und Bücherschätze war Chinguetti einst fast so bekannt wie Timbuktu und wurde auch Unesco-Weltkulturerbe.

Im großen Schlafraum der Auberge Zarga war ich der einzige Gast. Nebenan hauste noch ein japanischer Student, der hier die islamischen Handschriften in den Bibliotheken studierte und auswertete. Er war recht unterhaltsam und wollte mehrere Wochen hier bleiben.

Saïf und sein Souvenir-Angebot in Chinguetti

Zum Sonnenuntergang ging ich zu den Dünen; er war prächtig anzusehen. Später gabs feinen Couscous - nur der Wirt, der Japaner und ich aßen. Dann fiel der Strom und damit das Licht aus; da halfen nur Kerzen weiter. Der Japaner zündete mir eine solche an; der Wirt brachte eine Decke. Nach dem Übernachten (allein im 6-Matratzen-Raum für 3 Euro) gings zum Abfahrtsort des Sammeltaxis nach Atar. Ich musste mit einem Platz auf der Pritsche vorlieb nehmen. Diesmal war das Fahrzeug nicht überladen - mit 10 Personen, zwei Ersatzreifen, wenig Gepäck und keiner Ziege: deshalb gabs keine Reifenpanne. Und bald war Chinguetti hinter der letzten Düne verschwunden...

Von Rosso (Nord) nach Rosso (Senegal)
Über die unangenehmste Grenze Westafrikas

In mehreren, auch französischen Reiseführern wird der Grenzübergang über den Senegal-Fluss bei Rosso als recht übel beschrieben. Zwei andere deutsche Überlandreisende, die ich in der mauretanischen Hauptstadt Nouakchott getroffen habe, hatten ihre Fahrtroute nach Mali extra so gelegt, dass sie nicht über Rosso führte. Sie reisten nördlich des Senegal-Flusses über Nema nach Südost-Mauretanien auf der Route de l'Espoir, der "Straße der Hoffnung". Dieser Weg, auch Transmauritanienne genannt, kam für mich nicht in Betracht, denn ich wollte ja nach St. Louis und Dakar.

Bei der Deutschen Botschaft in Nouakchott holte ich letzte Informationen zu meiner Fahrt in den Senegal ein. Dabei erfuhr ich, dass dieser Tage ein Deutscher auf der sog. Straße der Hoffnung bei einem Verkehrsunfall ums Leben gekommen war, ein schwieriger Fall der konsularischen Hilfe durch die Botschaft.

Zurück im Hotel half mir der Mitarbeiter des Patron, ein Taxi zur "Garage de Rosso" (dem Abfahrtsort der Sammeltaxis zur senegalesischen Grenze) zu einem angemessenen Preis zu finden. Das erste Taxi schickte er gleich weiter, das zweite (ein Renault, ausnahmsweise kein in Nouakchott übliches Mercedes-Taxi) kostete weniger als 2 Euro. Die Garage de Rosso war sehr weit draußen, so dass ich dem Fahrer ein bißchen mehr bezahlte.

In einem Überlandtaxi zur Landesgrenze bekam ich einen alleinigen Vordersitz - zum Vorzugspreis von umgerechnet 13 Euro einschließlich Gepäck für rund 200 km. Es war wieder ein Renault; ein Mercedes wäre bestimmt teurer gewesen. Am späten Vormittag ging es los. Im Wüstentaxi mit drei Sitzreihen hockten zehn Leute. Von meinem erstklassigen Platz aus hatte ich gute Sicht für Fotos von der Landschaft und dem Verkehrsgeschehen. Die Wüste ging nach etwa der Hälfte der Strecke in eine baum- und buschbestandene Gegend über, aber der Sand und die immer wieder auftauchenden, bis an die Straße heranreichenden Dünen waren allgegenwärtig.

Nach dreistündiger Reise ab dem Zentrum von Nouakchott erreichten wir Rosso am Senegal-Fluss. Sofort wurde ich von Pferdekutschern in Beschlag genommen. Die Fahrt zum Zoll sollte doppelt so viel kosten wie nach der Info des Taxifahrers - man wollte mir hierfür dort auch behilflich sein, na gut. Zwischendurch ging ich mit in die Hinterstube eines Schwarzwechslers - klar, ich brauchte die westafrikanische CFA-Währung des Nachbarlandes und tauschte einen nicht sehr großen Eurobetrag zu einem ganz schlechten Kurs.

Personentransport über den Senegal-Fluß bei Rosso

Am eisernen Tor des Grenzübergangs gabs ein wildes Gezerre - erst durfte man nicht rein, dann doch, nachdem der Pass hineingereicht worden war. Einer aus der inzwischen um mich herum angewachsenen Zahl von Helfern, der Jüngste und offenbar ein Schlepperlehrling, trug meine Reisetasche. Teils wurde Touristen geraten, sich eines Helfers zu bedienen, besonders wenn sie im Kfz die Grenze überqueren wollten, was ich ja nicht tat. Irgendwann tauchte dann doch, oh Wunder, ein Offizieller mit meinem zuvor abgegebenen Reisepass auf und zeigte mir den Ausreisestempel - und verlangte dafür 20 Euro in hiesiger Währung. Schließlich nahm er die von mir nach einigem Gefeilsche angebotenen 10 Euro an. Eigentlich stand ihm allenfalls ein kleines Cadeau (= Geschenk) zu, aber wenn man hier raus wollte, musste man unbedingt auch hier zahlen. Die Höhe des Betrags (Geschenk) hing vom Verhandlungsgeschick des betroffenen Touristen ab.

Ursprünglich wollte ich mit einer Autofähre den Senegal-Fluss überqueren, aber eine solche war weit und breit nicht zu sehen. Der Guide du Routard Afrique schrieb zu dieser Fähre, dass sie täglich zwischen 8 und 12 sowie zwischen 15 und 18 Uhr verkehre - mit erheblichen Zeitschwankungen, je nach Laune der Angestellten. Für eine bereitstehende kleine Piroge sollte ich dann tatsächlich wiederum 10 Euro bezahlen, weil die für mich allein fahren würde, da die nächsten Stunden nix anderes gehe. Ich konnte den Preis immerhin auf 7 Euro herunterhandeln, sonst wäre ich hier nämlich nicht weggekommen. Das Boot fuhr auch gleich los, aber nicht etwa mit mir alleine - elende Gauner, diese Bootskapitäne! Aus der Gegenrichtung kam dann tatsächlich während der Überfahrt die große Autofähre vorbei.

Am anderen - senegalesischen - Ufer ging das Spiel munter weiter. Ein Typ - ohne Uniform - verlangte gleich meinen Pass und verschwand damit. Bei Rückkehr wies er auf den Senegal-Einreisestempel hin und verlangte viel zu viel Geld. Mit umgerechnet fast 20 Euro, als einer Art Grenzsteuer oder Eintrittsgeld, war er schließlich einverstanden. Dem Taschenschlepper gab ich meine letzten Scheine mauretanischen Geldes, etwa einen Euro, womit er natürlich nicht zufrieden war. Inzwischen benötigte ich bei diesem Grenzübertritt bereits die dritte Währung: den westafrikanischen Franc (CFA) neben dem mauretanischen Ouguiya (UM) und dem Euro.

Überlandtaxis warten auf Fahrgäste nach St. Louis

Wie schon drüben in Mauretanien, gings nun mit einer von Pferden gezogenen Kutsche (einer Calêche) zum Überlandtaxi-Bahnhof für Fahrgäste in Richtung St. Louis. Inzwischen waren zwei Typen zugestiegen und erzählten plötzlich, beim 1. Polizeiposten müsse man 30.000 CFA vorweisen, sonst werde man zurückgeschickt - aha, sie wollten wohl Geld zu einem schlechten Kurs wechseln? Woher sie wohl wussten, dass ich drüben nur einen geringeren Betrag umgetauscht hatte? Jetzt platzte mir der Kragen. Ich wollte sie vom Gefährt runterjagen, aber sie gingen nicht, sondern verlangten weiteres Geld.

Ich warf ihnen 2500 CFA (etwa 4 Euro) "in den Rachen", um sie loszuwerden, und beschimpfte sie nach allen Regeln der Kunst, so dass mir sogar ein Einheimischer zu Hilfe eilte. Dann war der Spuk endlich vorbei, und es kam auch keine Polizeikontrolle mehr.

Der Kutscher bekam am Ziel 1000 CFA; und das Überlandtaxi nach St. Louis (knapp 100 km) sollte samt Gepäck keine fünf Euro kosten. Nach diesem stressigen afrikanischen Grenzübertritt, der mich insgesamt mehr als 50 Euro (für sog. Geschenke) gekostet hatte, konnte ich mich nun zurücklehnen und wurde schlafenderweise per Buschtaxi durch den Senegal kutschiert.

Auf nach Timbuktu!
Zum Niger am Südrand der Sahara

Damals, im Februar 2007, war die Welt in Mali und drumherum noch in Ordnung. Sonst wäre meine Anreise aus München auf dem Landweg nach Westafrika nicht möglich gewesen.

Rasante Fahrt durch die Wüste

Einige Jahre später haben die islamistischen Dschihadisten nicht nur Mali, sondern auch Nachbarländer wie Mauretanien, Senegal und Burkina Faso terrorisiert. Städte und Dörfer, Straßen und Pisten waren teils nur unter Gefahren passierbar. Timbuktu (französisch: Tombouctou), am Südrand der

Sahara gelegen, wurde 2012 von den Dschihadisten überfallen. Die Bewohner wurden übelst behandelt oder vertrieben, viele Kulturgüter wurden zerstört. Dem bösen Treiben, das fast ein Jahr dauerte, konnte erst 2013 durch malische und französische Truppen, später auch von der Bundeswehr, Einhalt geboten werden. Die damaligen traumatischen Ereignisse haben jedoch tiefe Spuren bei Land und Leuten hinterlassen.

Seinerzeit, vor nunmehr 15 Jahren, bin ich zunächst von München bis Marrakesch mit der Eisenbahn unterwegs gewesen, von Algeciras nach Tanger/Marokko mit dem Schiff. Einige weitere hundert Kilometer hat mich ein Erzzug durch Mauretanien und schließlich erneut die Bahn von Dakar nach Bamako, der Hauptstadt von Mali, mitgenommen. Die Strecken dazwischen wurden per Bus oder Buschtaxi zurückgelegt. Von Mopti bis Timbuktu wäre ich gern an einem Stück durchgefahren; das ging aber aufgrund unzuverlässiger Beförderungsmittel nicht ohne Zwischenübernachtung in Douentza. Dort entdeckte ich immerhin einen Wegweiser mit der Angabe "Tombouctou 195 km". Die Piste nach Norden wurde als "Straße der Hoffnung" (Route de l'Espoir) bezeichnet, ein frommer Wunsch. Ein ziemlich heruntergekommener Allradler sollte als Transportfahrzeug dienen. Er machte folglich aufgrund seines Alters mehrmals unterwegs schlapp, erreichte dann aber doch mit Müh und Not das Niger-Knie, südlich von Timbuktu. Für das Übersetzen auf die nördliche Flußseite brauchte eine alte Fähre spätabends nochmal viel Zeit. Gegen Mitternacht tauchte Timbuktu, "die Geheimnisvolle" (la Mysterieuse), im matten Scheinwerferlicht auf. Immerhin fand sich noch ein offenes Hotel...

Überladen und überbesetzt - Panne obligatorisch!

In Douentza, dem Ausgangsort für diese letzte Etappe in das weiter nördlich gelegene Timbuktu, hatten sich bizarre Szenen abgespielt. Fast sechs Stunden warteten und diskutierten mehrere Reisewillige, bis der Fahrer eines der in Betracht kommenden

Allradfahrzeuge sich endlich bereit erklärte, in die nur über eine sandige Holperpiste erreichbare Wüstenstadt Timbuktu zu starten. Eine tagelange Bootsfahrt auf dem Niger wäre die andere Alternative gewesen. Die Überland-Reise sollte etwa zehn Stunden dauern, was einer Durchschnittsgeschwindigkeit von ca. 20 km/h entsprach - Pannen und ihre Reparaturen eingerechnet.

Fähre über den Niger nahe Timbuktu

Das Auto war überladen und überbesetzt, mehrere Reifen mussten gewechselt und geflickt werden. Die Sonne schien knallheiß vom Himmel, und die Passagiere saßen dichtgedrängt, schliefen bis zum nächsten Halt - wieder eine Panne. Zwischendurch gabs in Bambara ein verspätetes Mittagessen in einer Lehmhütte: Reis mit Soße. Danach weitere Schadensfälle: Schaltgetriebe kaputt, Kühleraufhängung abgebrochen! Der Fahrer Ibrahim reparierte alles - afrikanisch provisorisch. Um 21 Uhr erreichten wir schließlich das südliche Niger-Ufer.

Für die Zeitspanne bis Mitternacht zitiere ich aus meinem damaligen Tagebuch: "Es ist noch eine Fähre da, oh Wunder! Aber ein Geländewagen hängt zwischen zwei Auffahrtsplanken und kommt weder rauf noch runter. Sowas dauert in Afrika. Irgendwann ist er frei. Unser Auto kann hinauffahren. Aber der Fährmann will nicht ablegen, bis er den Preis für vier Fahrzeuge erhalten hat - wegen einem fährt er nicht rüber. Es wird diskutiert - und schließlich gesammelt. Jetzt gehts plötzlich. Drei weitere Autos stehen nun noch am Ufer - sie wollen aber nicht soviel zahlen und kommen folglich nicht mit. Als die Fähre schon abgelegt hat, geben sie mit ihren Lichtern Zeichen, dass sie doch bezahlen und mitgenommen werden wollen. Also fährt das Schiff zurück, nimmt die drei auf und schippert durch die Nacht; die Fahrt dauert immerhin eine volle Stunde über den Fluss, so dass wir um 23 Uhr am Nordufer des Niger anlegen. Bis nach Timbuktu sind es vom Hafen noch weitere ca. 15 km, die zwar asphaltiert, aber aufgrund von Schlaglöchern und Sandverwehungen schlecht zu bewältigen sind. Wir erreichen schließlich gegen Mitternacht das Hotel La Colombe. Endlich in Timbuktu - ganz schön am Ende der Welt gelegen!"

Timbuktu hatte über viele Jahrhunderte hinweg einen legendären Ruf. Dieser führte Ende der 80er Jahre dazu, dass die Stadt mit ihren rund 50.000 Einwohnern zum Weltkulturerbe ernannt wurde. Dies vor allem aufgrund einer Reihe alter Moscheen, Mausoleen und Friedhöfen, aber insbesondere auch wegen ihrer berühmten Bibliotheken und Institute mit zahlreichen wertvollen Handschriften. Bereits im Mittelalter wurden dort verschiedene Wissenschaften gelehrt, studiert und diskutiert, u.a. an der islamischen Universität Sankoré. Hinzu kam, dass Timbuktu am Kreuzungspunkt mehrerer Handelswege lag, auf denen zahlreiche Kamelkarawanen ankamen und wertvolle Güter austauschten, vor allem Salz, aber auch Gold. Es war zudem Sammelplatz für Pilgerreisen nach Mekka.

Im 19. Jahrhundert machten sich immer wieder europäische Forscher auf den beschwerlichen Weg - durch die Sahara nach Timbuktu. Einer der ersten, der überhaupt ankam, war der deutsche Wissenschaftler Heinrich Barth. Auf der jahrelangen Anreise von Tripolis am Mittelmeer zum Tschadsee und weiter nach Westafrika erreichte er, zuletzt am Niger entlang, die mysteriöse Oasenstadt Timbuktu 1853. Er blieb ein halbes Jahr dort, musste dann aber fliehen, weil er als Ungläubiger erkannt worden war. Immerhin kam er nach insgesamt fünfjähriger, strapaziöser aber erfolgreicher Reise wieder nach Deutschland zurück.

Heinrich-Barth-Museum, dem deutschen Forscher gewidmet

Ich habe 2007 sein Haus besucht, in dem er vor mehr als 150 Jahren gewohnt hat und wo inzwischen ein Museum zu seinem Gedenken eingerichtet wurde; auch eine Straße wurde in Timbuktu nach Heinrich Barth benannt und 1966 von Bundespräsident Lübke eingeweiht. Eine andere Straße heißt Rue Chemnitz, wie die Partnerstadt in Deutschland.

Meine Tage in Timbuktu waren ausgefüllt mit dem Besuch der vielen Sehenswürdigkeiten, die das UNESCO-Weltkulturerbe der Stadt zu bieten hat, die schon fast tausend Jahre alt ist. Der Hotelwächter nahm mich nach Dienstende auf seinem Motorrad zur Besichtigung des Hafens Korioumé mit, in dem ich nachts angekommen war. Tagsüber herrschte lebhaftes Treiben am Fluss. Pinassen beförderten Leute und Waren übers Wasser.

Von verschiedenen Führern, meist Schuljungen, wurde ich zu Bibliotheken und Moscheen, zum Rathaus und Justizpalast geführt. Letzterer war im Erdgeschoss ziemlich versandet und eingestaubt; ein Richter und der Gerichtspräsident residierten im ersten Stock und waren recht auskunftsfreudig. Sie berichteten u.a. von Unfallsachen, über die sie teils nach französischer Rechtsprechung entschieden, wenn kein einschlägiges malisches Urteil die Lösung des Falls vorgab. Ich bekam Kopien von malischen Rechtstexten, etwa einige Seiten aus dem Straßenverkehrsgesetz (Code de la Route). Der Besuch der bekannten Bibliothek "Centre Ahmed Baba" mit uralten Handschriften, teils aus dem 11. und 12. Jahrhundert, stand ebenfalls auf dem Programm, außerdem die Djinger-ber-Moschee (von außen).

Tags darauf war die Stadterkundung schwierig, da ein heftiger Sturm tobte, der die Stühle und Tischtücher auf der Hotelterrasse mitriss und den Sand über die Straßen wehte, wie bei einem Schneetreiben. Der berüchtigte Saharawind Harmattan war wohl am Werk. Unter diesen Umständen versuchte ich, in einem Cyber genannten Hotel-Internet einige Emails loszuschicken, mit sehr mäßigem Erfolg (eine Mail pro Stunde!). Ein Führer brachte mich freundlicherweise zu einer Schule, wo es ein schnelleres Internet gab, zu dem ich ausnahmsweise Zutritt bekam.

Die Rückfahrt am letzten Morgen war im Vergleich zur Anreise wie Tag und Nacht: Ein neuwertiger Landcruiser, normal besetzt und beladen und mit viel Gas unterwegs, häufig mit 70 - 80 km/h, preschte zielstrebig durch die Wüste. Der Fahrpreis war der gleiche wie mit dem früheren schrottreifen Gefährt, dafür wenig abenteuerlich und ziemlich unafrikanisch pannenfrei! Noch am gleichen Abend war ich - über Douentza - zurück in Mopti. Timbuktu war auf jeden Fall den spannenden Ausflug wert gewesen, bevor die Reise bald darauf weiter ging nach Burkina Faso und von dort - wieder mit der Eisenbahn - zur Elfenbeinküste.

Hallo Taxi, bitte kommen!
Afrikanische Wüsten-, Busch- und Motorradtaxis

Wenn man in Afrika ohne eigenes Fahrzeug unterwegs war, musste man des öfteren auf die dortigen Taxis zurückgreifen, vor allem wenn kein Bus oder Zug zur Verfügung stand. Mit Busch- oder Wüstentaxis habe ich, teils schon Ende der 70er Jahre, gelegentlich recht abenteuerliche Erfahrungen gemacht. So musste der Preis meist im voraus ausgehandelt werden, um am Schluss der Tour keine (ungute) Überraschung zu erleben. Auch war man gut beraten, besonders für längere Fahrten oder nachts, einen möglichst vertrauenerweckenden Taxifahrer auszusuchen, der etwas Englisch können sollte. Und er durfte keine offensichtliche Schrottlaube spazierenfahren. Aber letzten Endes musste man halt denjenigen nehmen, der gerade auf Kundschaft wartete.

*****

In Westafrika waren Taxis jedweder Qualität unterwegs - und fast immer platzfüllend besetzt bis häufig völlig überladen; Individualbeförderung war ein Luxus. Beispiel: eine Fahrt nach Ouagadougou (Ouaga) in Burkina Faso. Von Niamey, der Hauptstadt des Niger, hatte mich Roland, ein Schweizer Autoüberführer und -verkäufer, 1984 in Richtung

Ouaga über die Grenze mitgenommen. Letztere hatten wir für afrikanische Verhältnisse in Windeseile, in kaum einer Stunde, überquert. In Koupela bog er nach Togo ab und ließ mich an einem Halteplatz für Buschtaxis aussteigen. Ein Peugeot 504 stand abfahrbereit da, und obwohl er bereits mit einem guten Dutzend Personen besetzt war, außerdem mit Gepäck, zwei Fahrrädern und einem Moped, fand ich noch Platz!

Auf den knapp 100 km bis Ouaga hatte das Taxi mindestens zehn Polizeiposten zu passieren, von denen sich jedoch keiner für die Überladung interessierte. Da in Ouaga ab 23 Uhr eine Ausgangssperre bestand, musste das Buschtaxi so schnell wie möglich hinkommen. Ich fand gerade noch rechtzeitig ein Hotel; danach hörte man Schüsse durch die Nacht knallen...

In Ouagadougou brauchte ich mal ein Stadttaxi, um zum Hotel zu fahren. Am Straßenrand stand gerade eines, dessen Fahrer ich fragte, ob er mich mitnehme. Gern, meinte er, wenn ich bis zur Tankstelle schieben helfe. Klar, zu zweit gings leichter. Dort angekommen fragte er, ob ich auch gleich bezahlen könne, er habe kein Geld mehr. Er hatte nur wenig getankt, so dass ich ihm mit einer Vorauszahlung weiterhelfen konnte.

Nach diesen Vorleistungen fuhr er mich schließlich zum Hotel.

Von Ouagadougou gings weiter in Richtung Lomé / Togo, wieder mit einem Buschtaxi der Marke Peugeot 504. Diesmal war das Gefährt mit nur zehn Personen geradezu unterbesetzt, welch ein Platzkomfort! In Togo wurde es bald Nacht und ich schlief ein. Dem Fahrer hatte ich gesagt, er solle mich in Sokodé, einer Bahnstation, aussteigen lassen. Ich wachte erst etwa 100 km weiter in Atakpamé auf, wo mich das Taxi spätabends zu einem Hotel brachte. Von hier aus konnte ich am nächsten Tag doch noch mit einem alten Zug, der aus Kaiser Wilhelms Kolonialzeiten stammte, nach Lomé ans Meer hinabfahren.

*****

In der Gegend um Kairo hatten mein Bruder und ich vor vielen Jahren (1978) schon mal interessante Erfahrungen mit ägyptischen Taxifahrern gesammelt. Statt auf Kamelen von Gizeh nach Sakkara zu reiten, verhandelten wir lieber mit einem Taxifahrer, der uns für 7 Pfund (rund 21 DM) so weit wie möglich hinfahren wollte - wie es der Wüstensand dort zuließ.

Das letzte sandige Stück zur Stufenpyramide begleitete uns dann ein kleiner Führer. Einschließlich Rückfahrt nach Kairo zum Tahrir-Platz waren wir für das Geld drei Stunden mit dem Taxi unterwegs gewesen; daheim hätten wir das Mehrfache bezahlt.

Zwei Oldtimer (Taxi und Fahrer) in der Oase Fayum

Zur Oasenstadt El Fayum nahmen wir zwar einen Bus; für die Erkundung der großräumigen Oase brauchten wir aber wiederum ein Taxi. Diesmal beauftragten wir einen älteren, ehrwürdigen Herrn mit einem recht alten, aber äußerlich gepflegten Chevrolet. Dessen Motor benötigte jedoch immer wieder eine Verschnaufpause, während der sein Besitzer an ihm herumbastelte, für uns Zeit zum Fotografieren. Die Erklärung des Fahrers zu seinem technisch wankelmütigen Gefährt war, es sei krank. Immerhin hielt der

Oldie dann doch bis zum Busbahnhof von Fayum durch - zur Zufriedenheit aller.

*****

Im Hotel Sahara in Dakhla / Marokko machte ich Bekanntschaft mit dem Nachtportier Taoufik. Sein Onkel wollte mich 2007 in einer Art Familientaxi zur rund 300 km entfernten mauretanischen Grenze mitnehmen, zusammen mit einigen anderen Fahrgästen. Zuerst waren wir vier Leute, danach stiegen noch zwei zu. Beim ersten Polizeiposten wurden wir angehalten, dem Fahrer wurde Geschwindigkeitsüberschreitung vorgeworfen. Nach heftiger Diskussion erhielt er einen saftigen Strafzettel über 400 Dirham (etwa 40 Euro). Zur Verbesserung seiner schlechten Stimmung bekam er von einem Mitfahrer und mir je 5 Euro Kostenbeihilfe. Sogleich fuhr er wieder unter Mißachtung sämtlicher Verkehrsregeln drauflos; die verlorene Zeit musste schließlich hereingeholt werden. Zu viert auf der Rückbank eingeklemmt, verschlief ich einmal mehr den Großteil der Fahrt.

Kurz vor der Grenze hieß es plötzlich in ein anderes Taxi umsteigen, das uns durch den marokkanischen und mauretanischen Zoll sowie das kilometerlange, holprige Niemandsland nach Nouadhibou bringen sollte. Der Fahrer war wohl gut Freund mit den Grenzern, so dass wir ohne Gepäckkontrolle durchkamen. Ich wurde zum Hotel Al Jazera gebracht, wo ich eine Runde Kaffee ausgab und wir uns dann gutgelaunt voneinander verabschiedeten.

*****

In Nouadhibou hat mich ein vom Hotelier ausgesuchter Taxler anderntags zum Bahnhof gebracht, von dem aus ich am Nachmittag mit dem Eisenerzzug durch die mauretanische Wüste fahren würde. Als ich den Taxifahrer zum Mittagessen einlud, nahm er mich stattdessen mit zum Essen in seiner Familie, was ich toll fand. Der etwa 250 Güterwaggons und drei Personenwagen umfassende Zug beförderte mich in 12 Stunden ostwärts nach Choum, wo bereits morgens um 4 Uhr im Dunkeln geländegängige Wüstentaxis warteten, um mich und andere Zugpassagiere nach Atar zu bringen.

Von Atar aus ging es, wiederum mit einem Sammeltaxi, mit vielen Leuten drauf und drin, durch das Adrar-Gebirge zur Oasenstadt Chinguetti. Sie war vor allem durch ihre Schätze an uralten wissenschaftlichen und religiösen Schriften bekannt, die in wohlbehüteten Bibliotheken aufbewahrt und studiert wurden. Dann reiste ich, wieder über Atar, in die Hauptstadt von Mauretanien, Nouakchott. Gegen einen Preiszuschlag erhielt ich in einem Merdeces-Taxi den Sitzplatz neben dem Fahrer, wo sonst zwei Personen saßen, für mich allein - gut fürs Fotografieren der Wüstenlandschaft.

Taxifahrer auf Kundensuche in Dakar / Senegal

Was als erstes in Nouakchott auffiel, waren die vielen Mercedes-Pkw, die meisten als Taxi unterwegs. Eines von ihnen fuhr mich zum nahen Fischerhafen und zum Strand am Atlantik. Aber die Reise ging bald weiter, Richtung Rosso am Niger und Übergang zum Senegal. Auch nach Rosso verkehrten wiederum die wohlbekannten und bewährten Wüsten- oder Sammeltaxis (für 13 Euro auf 200 km) - günstig für unsereinen. Die

Überquerung des Niger an einer der schikanenreichsten Grenzen Westafrikas (s. Bericht "Von Rosso nach Rosso") war eine Sache für sich, die Zeit, Geld und Nerven kostete. Immerhin wartete drüben schon ein Pferdekarren, der mich freundlicherweise zum Normalpreis zu den Überlandtaxis nach St. Louis und Dakar im Senegal beförderte.

*****

Zwischen Mitternacht und Sonnenaufgang war ich mit dem Expresszug Dakar - Bamako in Malis Hauptstadt angekommen. Es war noch zu früh für die Hotelsuche, und so pennte ich erst noch eine Runde auf einer Bahnhofsbank, bis ein Taxi anhielt, dessen Fahrer mich zu einer Unterkunft fuhr. Dort empfahl man mir, für weitere Stadtfahrten doch am besten ein billiges Motorradtaxi zu nehmen; sie könnten mir auch eines vermitteln.

Ein Hotelangestellter hatte einen Bruder, der bald zur Stelle war und mich mit seinem flotten Kleinkraftrad japanischer Marke zur Post, zu einem Geldautomaten und zur Deutschen Botschaft brachte - und unterwegs natürlich auch zu Souvenirhändlern. Aufgrund seiner hochflexiblen Fahrweise konnte ich meine Erledigungen und Besichtigungen trotz chaotischen Großstadtverkehrs unerwartet schnell erledigen. Da ich selbst Motorradfahrer war, vertraute ich seiner durchaus riskanten Fahrkunst voll und ganz. Mit der Bezahlung, Trinkgeld inbegriffen, war er offenbar zufrieden, ich mit seiner Taxileistung ebenfalls.

Motorradtaxis sind in Mali recht häufig

Eigentlich beherrschen in großen Teilen Westafrikas die Busch-Taxi, hier Taxi Brousse genannt, den Nah- und oft auch den Fernverkehr auf Straßen und Pisten. So auch auf meinem Weg nordöstlich von Bamako, zu einigen Hauptsehenswürdigkeiten des Landes, in Djenné und Mopti. Vom Sammelplatz der Busse und Taxis, an der großen Kreuzung von Überlandstraßen in Sevaré, ging es auch in Richtung Bandiagara, zum berühmten Stamm der Dogon. Auf halbem Weg dorthin lag Songho, ein Dogon-Dorf, zu dem mich erneut ein Motorrad-Taxi beförderte. Es war ein Vergnügen, als Sozius den warmen Fahrtwind um die Ohren zu spüren, ein spezieller Spaß in Westafrika.

*****

Um zu meinem Hauptziel in Mali zu gelangen, der sagenhaften Wüstenstadt Timbuktu am südlichen Ende der Sahara, waren einige Organisationsanstrengungen nötig. Sammeltaxis waren nicht immer und überall verfügbar, und nur wenige Reisende hatten Timbuktu als Fahrtziel. Ich konnte jedoch wieder mal auf einen hilfsbereiten Hotelmanager zukommen, wie schon in früheren afrikanischen Unterkünften, diesmal auf "Mister Big" in Mopti. Sein Hotel Bafaro war eine gute Adresse unter Globetrottern. Nach Abschluss der Besichtigungen gings dann also mit Reisegepäck auf dem Motorrad zum Sammelplatz der Wüstentaxis.

Beim Herumfragen stellte sich heraus, dass die meisten Fahrgäste in Richtung der Hauptstadt, nach Südwesten wollten, und nicht wie ich in die Wüste. Nach einiger Warterei wurde der Mitfahrversuch auf den nächsten Tag verschoben. Und da sah es ähnlich aus. Ich musste mich also meinem Ziel etappenweise nähern, zunächst einmal bis Douentza, abseits des Niger. Dorthin gab es sogar einen Bus, der noch bei

Tag ankam. Bei Nacht sah man, dass nur etwa ein Zehntel der Häuser von Douentza elektrisches Licht hatten, so auch der örtliche Radiosender. Von seinem Internetanschluss aus konnte ich eine Email nach Hause schicken - mit der Mitteilung, dass ich nur noch 200 km von Timbuktu entfernt war.

Tags darauf war ich zeitig bei den Sammeltaxis in Douentza. Es folgten stundenlange Diskussionen, welches Fahrzeug und welcher Fahrer zur Pistentour nach Timbuktu bereit war. Kaum zu glauben, dass mehrfach (viermal!) Fahrzeug und Fahrer wechselten und die Fahrgäste samt Gepäck jeweils umsteigen und umladen mussten. Auch sollten 12 Personen mitkommen. Nach ewigen lautstarken Streitereien stand endlich ein ziemlich heruntergekommenes Busch- bzw. Wüstentaxi als Transportmittel fest. Ausserdem würden nur acht Passagiere mitfahren. Jetzt gings zackzack von der Asphaltstraße auf eine Sandpiste - Timbuktu, wir kommen! (Zum weiteren Fahrtverlauf s. den Bericht "Auf nach Timbuktu!")

*****

Eine der letzten längeren Taxifahrten auf meiner Westafrika-Reise 2007 war die Tour von Abidjan / Elfenbeinküste nach Accra in Ghana. Den Chauffeur hatte ich auf Stadtfahrten als angenehmen Typ kennengelernt, der mich nicht nur zuverlässig, sondern auch freundlich und preiswert umher fuhr und sich beim Warten auf Kundschaft häufig in Hotelnähe aufhielt. Einmal brachte er mich zur sehr gelungenen, modernen Kathedrale von Abidjan. Fast schüchtern fragte er, ob er da auch hinein dürfte - klar, kein Problem.

Zum Abschluss meines Aufenthalts in der Elfenbeinküste erkundigte ich mich nach dem Preis für eine Überlandfahrt von 350 km nach Accra in Ghana. Obwohl er keinen weiteren Fahrgast hatte, nannte er mir für die recht lange Strecke, meist am Golf von Guineau entlang, nach einigem Herumhandeln ein akzeptables Honorar. Daraus wurde eine mehrstündige pannenfreie Fahrt mit Stopps an interessanten Orten und fotogenen Stellen sowie einem gemeinsamen Essen im Südosten Ghanas. Die Individualbeförderung hatte doch entscheidende Vorteile gegenüber den meist überfüllten Buschtaxis.

Fazit: Afrikas Taxifahrer sind oft besser als ihr Ruf; ihre Autos pfeifen allerdings manchmal auf dem letzten Loch und sind häufig überladen. Fahrten mit ihnen sind oft abenteuerlich und pannenreich. Aber Buschtaxifahrer entwickeln viel Fantasie beim Reparieren ihrer klapprigen Kisten...

Asien

Der Transasia-Express nach Teheran
Im Iran zu Schahs und Ayatollahs Zeiten

Als ich 2005 mit der Bahn durch den Iran gereist bin, konnte ich den Transasia-Express noch ab Istanbul-Haydarpascha benutzen (bis Istanbul den Balkan-Express); später startete dieser erst in Ankara. Auf der Strecke durch Kurdistan fuhren bewaffnete Wachleute mit. Früher konnte man sogar mit einer Eisenbahnfähre den Van-See überqueren und am östlichen Ufer mit dem gleichen Zug nach Persien weiterreisen. In jüngerer Zeit wurde man in Van von der iranischen Staatsbahn RAI abgeholt und ans Ziel in Teheran gebracht. Seinerzeit verloren die Platzreservierungen der türkischen TCDD beim Umsteigen ihre Gültigkeit - mit der Folge eines "Kampfs um die Plätze" (der sich damals allerdings in Grenzen hielt). Als mehrfacher Gast im Zugrestaurant gestaltete sich für mich die Fahrt durchs Morgenland jedoch einigermaßen angenehm, zumal die Liegewagen ziemlich unterbelegt waren. Der Transasia-Express wurde somit seinem etwas anspruchsvollen Namen durchaus gerecht. Dies war indes nicht meine erste Reise in den Iran.

Bereits 1976, also fast 30 Jahre früher, bin ich schon einmal nach Teheran gefahren. Damals hatte ich ab München einen Pkw in die iranische Hauptstadt überführt. Dies kam zu Schahs Zeiten gar nicht so selten vor; die Nachfrage nach westlichen Autos war anscheinend relativ groß. Mit dem Honorar für die Überführung konnte man sich - wie ich - die Kosten der Weiterreise nach Indien und Nepal verdienen. Der Straßenverkehr durch Jugoslawien, die Türkei und erst recht im Iran, war allerdings seinerzeit (schon) sehr chaotisch, für Mitteleuropäer jedenfalls abenteuerlich!

Schild im Expresszug Istanbul - Teheran

Bereits in den 70er Jahren hatte der Iran die weltweit höchsten Verkehrsopferzahlen. Ich war dann auch heilfroh, den Peugeot 504 meinem Auftraggeber in Teheran ziemlich schadenfrei übergeben zu können; lediglich eine Felge hatte durch ein Schlagloch eine Delle erhalten, das konnte durch einen Radwechsel praktisch ungeschehen gemacht werden. Ich konnte beim Autoeigentümer und seiner Familie noch eine Woche wohnen, bis er das importierte Fahrzeug durch den Zoll gebracht hatte. Die dabei gewonnenen Eindrücke über das Leben im Iran waren sehr wertvoll. Zum Duschen gings, nach überstandener strapaziöser Fahrt von rund 5000 km, ins öffentliche Dampfbad nebenan; einen häuslichen Sanitärraum gabs nur in Form eines WC. Beispielsweise wurde, auf Teppichen sitzend, am Wohnzimmerboden gegessen, halt im typischen Schneidersitz, was wenig gelenkeschonend war. Besuch bei den Nachbarn stand auch auf dem Programm. Der dortige Dreifrauenhaushalt - alle ohne Kopftuch - nahm mich mit zur Besichtigung des Teheraner Nobelviertels im Norden der Stadt, wo wir auch eine Bar aufsuchten und wo die schneebedeckten Berge des Elburs-Gebirges im Hintergrund leuchteten.

Das "Amir Kabir" war seinerzeit ein typisches Tramperhotel mitten in der Stadt, in dem man u.a. Mitfahrgelegenheiten in Richtung Afghanistan und Indien suchen und finden konnte. Ich wollte mich allerdings lieber per Bus nach Maschad an der afghanischen Grenze fahren lassen, was mir sicherer erschien, obwohl dann später mein Omnibus am Fuß des höchsten Berges des Landes, dem Demavand, den Geist aufgab.

Jedenfalls bekam ich nach einer Woche in Teheran den zweiten Teil des Fahrerhonorars ausbezahlt und auch den bis dahin einbehaltenen Reisepass zurück.

Frühstück bei einer iranischen Gastfamilie

Jetzt war ich wieder ein freier Mann und konnte am Busbahnhof meine Fahrkarte nach Maschad im Nordosten des Landes kaufen. Von dort war es nicht mehr weit nach Herat in Afghanistan, wo mich fast mittelalterliche Zustände erwarten würden. Im Vergleich dazu war der Iran (und besonders Teheran) unter Schah Reza Pahlavi ein schon fast westlich anmutendes Land. Man hatte den Eindruck, dass die Leute, vor allem die Frauen, ziemlich freiheitlich lebten. Dieser Zustand sollte aber bekanntlich nur noch wenige Jahre anhalten - bis zur Islamischen Revolution unter Khomeini 1979.

Im Iran des Jahres 2005 stellte man bereits an der Landesgrenze fest, dass ein anderer Wind wehte. Im Transasia-Express - aus der Türkei kommend - fand unter den mitreisenden Frauen eine gehörige Umstellung statt: Sie zogen ein Kopftuch auf und warfen ein weites, langes Gewand über. Die Männer mussten ihre Bekleidung in keiner Weise irgendwelchen religiösen Vorschriften anpassen. Auch bei der Ankunft in Teheran hatte sich das Straßenbild erheblich verändert, allein schon durch eine Vielzahl schwarz gewandeter Frauen. Bemerkenswert war bei einem Besuch der Deutschen Botschaft, dass dort von den weiblichen Angestellten kein Kopftuch getragen wurde, die Männer hingegen teils mit Krawatte geschmückt waren, was ansonsten im Iran sehr unüblich war. Die Mitarbeiterinnen des iranischen Automobilclubs TACI, über den ich eine Fotoerlaubnis bei der Teheraner Bahndirektion beantragt hatte, waren in ihren Büros streng islamisch schwarz gekleidet. Dies tat jedoch ihrer guten Stimmung keinen Abbruch.

Die Fotografiergenehmigung benötigte ich für Aufnahmen von Bahnhöfen und Zügen. Hierfür musste ich mich jeweils beim Bahnhofsvorsteher melden.

Bereits bei Vorlage der Genehmigung im Hbf. von Teheran bemerkte ich, dass dieses amtliche Dokument, in für mich nicht verständlicher Sprache abgefasst, dem Farsi, enorme Wirkung verursachte. Ich bekam sogleich einen bewaffneten Aufseher zur Seite gestellt, der mich - nach der üblichen Teezeremonie - auf meinem Rundgang begleitete. Die Bahnsteige waren im übrigen vor Eintreffen von Zügen völlig entvölkert; erst danach strömten die Fahrgäste massenhaft zu den jeweiligen Gleisen.

Meine Fahrkarte nach Isfahan hatte ich in einer Teheraner Reiseagentur gekauft. Auf die Frage, ob ich einen "Private Coach" (für umgerechnet 12 Euro) haben wolle, hatte ich angesichts des günstigen Preises zugestimmt. Ich wunderte mich über die Anzahl von acht Fahrkarten und stellte beim Zusteigen überrascht fest, dass ich ein ganzes Abteil (mit acht Plätzen) für mich allein zur Fahrt nach Isfahan bekommen hatte, na sowas!

Vor der Weiterreise hatte ich noch den (deutschen) evangelischen Pfarrer der Millionenstadt besucht, der nur einige hundert Christen betreute, im Gegensatz zu vielen tausend Deutschen in früheren Zeiten. Mit der ziemlich neuen Metro fuhr ich sodann zum Imam-Khomeini-Platz; in einem Teehaus hätte ich nach dem Abendessen, wie viele andere Gäste, eine Wasserpfeife rauchen können, bevor ich zum Versand von Emails in ein Internet-Café ging. Zwischendurch war ich im Juwelenmuseum nahe der Staatsbank gewesen, in dem die Kaiserkrone des letzten Schah und der wertvolle Schmuck seiner Frau Farah Diba ausgestellt waren. Als letztes stand ein Besuch im Teheraner Basar an, wo ich einen sehr schönen, seidedurchwirkten Gebetsteppich nach längerem Feilschen erwarb; er war so leicht, dass er meine Reisetasche nur um 1 kg schwerer machte.

Die Nachtfahrt nach Isfahan war längst nicht mein letzter Reiseabschnitt gewesen. Immerhin war es mir mit Hilfe von Einheimischen gelungen, die Fahrkarten nach Yazd, Kerman und später auch nach Bam zu erwerben; nach Zahedan, kurz vor der pakistanischen Grenze, musste ich mangels Schienenverkehr mit dem Bus vorlieb nehmen. Im Zug war es generell leichter, mit Iranern ins Gespräch zu kommen. Etwas irritiert waren sie nur gelegentlich, wenn ich mein Tagebuch schrieb; dahinter vermuteten manche anscheinend Spionageberichte, was aber zumindest einmal der Schaffner im Zug nach Yazd aufklären half. Die iranische Staatseisenbahn war halt immer wieder für zwar meist kleinere, aber doch unerwartete Überraschungen gut. Wie überhaupt die ganze Bahnreise 2005 nach Indien ständig neue Erlebnisse mit sich brachte.

Bei den Buddhas von Bamiyan
Auf dem Hippie Trail nach Kabul

Nach einer Autoüberführungs-Tour von München nach Teheran im Jahr 1976 machte ich mich per Bus über die ostiranische Stadt Mashad auf den Weg nach Afghanistan. Der Grenzübertritt in das Land am Hindukusch gestaltete sich unerwartet schwierig. Ich konnte nämlich den an der türkisch-iranischen Landesgrenze ausgegebenen, aber abhanden gekommenen Pass-Begleitzettel nicht vorlegen. Erst nach langem Hin und Her bekam ich doch noch kurz vor Dienstschluss der Iraner meinen mit Ausreisestempel versehenen Pass zurück. Nach der Fahrt durchs kilometerlange Niemandsland machten die afghanischen Grenzer angesichts der hereinbrechenden Nacht gerade ihr Zollhäuschen dicht.

Bis hierher war ich auf dem sog. Hippie Trail angereist, der sich über das damalige Jugoslawien und Bulgarien hinzog und erst in Istanbul so richtig begann. Der dortige "Pudding Shop", in Sichtweite der Hagia Sophia, war - vor Internet-Zeiten - Treffpunkt und Infobörse der in Richtung Indien reisenden Tramper und Traveller, ob mit oder ohne VW-Bulli. Einige waren bis Teheran auch Autoüberführer wie ich. Mit dem Honorar dafür konnte man bis Nepal kommen.

Immerhin konnte ich nach der Ausreise aus Persien in einem zugigen Hotel im Niemandsland übernachten und mich am nächsten Morgen erneut zur Grenzüberquerung anstellen. Als dieses ebenfalls wieder Geduld erfordernde Ritual beendet war, kam bald Herat, die damals zweitgrößte Stadt Afghanistans in Sicht. Hier wurde man mit eher mittelalterlichen Zuständen konfrontiert, die man so nicht erwartet hätte. Alles war recht primitiv, Autos gab es fast keine, Pferdetaxis beförderten die Fahrgäste.

Pferdetaxi in Herat / Afghanistan

Bereits in der ersten Teestube wurde unaufgefordert Haschisch angeboten. Ich wurde dann von zwei Typen, die noch Platz in ihrem alten Mercedes hatten, in Richtung Kabul mitgenommen, auf einer der wenigen asphaltierten Straßen des Landes, die über Kandahar führte. In Kandahar gab es eine unter Reisenden beliebte Bäckerei "Your Bakery", die Apfelkuchen wie zu Hause verkaufte - da musste man hin.

Kabul wurde nicht erst in den 70er Jahren zu einer beliebten Durchreisestation für Besucher insbesondere aus westlichen Ländern. Bereits der Warenaustausch über die alte Seidenstraße machte Kabul zu einem wichtigen Verkehrsknotenpunkt und Handelsplatz von und nach Indien und China. Zu meiner Zeit konnte man im Basar und in den Geschäften Kabuls, speziell in der Chicken Street, sehr günstig einkaufen, etwa Teppiche und Pelzmäntel, aber natürlich auch Souvenirs. Zur nicht zu übersehenden Drogenszene unter den Überlandreisenden hieß es damals in einem der wenigen Reiseführer, dass Afghanistan trotz energischen Verbotes von Rauschmitteln als Dorado für Drogensüchtige gelte - der Hippie Trail ließ grüßen.

Die einheimischen Busse waren ein Kapitel für sich. Sie nahmen nicht nur zentnerweise Gepäck und Waren mit, sondern auch allerhand Viehzeug. Selbst für abgebrühte Globetrotter war die Reise in einem solchen Gefährt und auf gebirgigen Straßen und Pisten eine ziemliche Strapaze. So etwa meine Fahrt von Kabul zu den berühmten Buddha-Statuen im Hochtal von Bamiyan, in Richtung Mazar-i-Sharif gelegen.

Die Provinz und ihre gleichnamige Hauptstadt Bamiyan liegen in der Region Hazaristan und sind das kulturelle Zentrum des Stammes der Hazara, die knapp ein Zehntel der Bevölkerung Afghanistans ausmachen.

Die berühmten Buddhas von Bamiyan in Afghanistan

Der letzte Teil der Anreise erfolgte seinerzeit auf einer holprigen, nach Westen abzweigenden Landstraße. In Bamiyan konnte man in wenig komfortablen Unterkünften übernachten. Aber für die Attraktionen des Orts und der Umgebung - die riesigen Buddhas und die schöne Gebirgslandschaft - nahm man manche Unannehmlichkeit in Kauf. Die beiden in eine Felswand gemeißelten Buddha-Statuen waren 53 und 35 Meter hoch und damit in ihren Ausmaßen riesig. Sie beherrschten den Ort und waren sehr attraktiv anzusehen. Die Statuen sollen mindestens 1500 Jahre alt gewesen sein und lagen an einem Handelsweg zwischen Indien und Persien. Die größere Statue konnte sogar über eine Felstreppe bis zu ihrem Kopf bestiegen werden. Vor dort oben hatte man eine fantastische Aussicht auf die schneebedeckten Berge des Hindukusch. Hinter den Buddhas gab es miteinander verbundene Treppen, Höhlen, Balkone und Räume. Die große Statue gehörte zusammen mit dem kleineren Buddha zum Weltkulturerbe der UNESCO. 2001 (25 Jahre nach meiner Reise) wurden die Statuen von den Taliban zerstört; sie betrachteten diese als heidnische Götter und vernichteten sie mit Sprengstoff und Artilleriegeschossen.

Von Bamiyan aus besuchte ich, nach mehrstündiger Pistenfahrt durchs Gebirge, die wunderschönen Seen von Band-i-Amir. Dazu mussten mehr als 3000 m hohe Pässe überwunden werden, auf der Ladefläche eines Lkw und bei eisigen Temperaturen. Aber der einzigartige Anblick, den die faszinierenden Seen boten, entschädigte für die beschwerliche Anfahrt. Die sechs Seen sind kaskadenartig hintereinander gelegen; an ihren Rändern haben sich Kalkablagerungen gebildet, die wie Staumauern aufragen. Wenn diese natürlichen Staudämme, etwa zur Zeit der Schneeschmelze überlaufen, füllen sie jeweils den nächsten unterhalb gelegenen See. Am Überlauf bilden sich kleine Wasserfälle und in deren Folge entstehen einmalige Seekaskaden. Bei klarem Wetter spiegeln sich die Berge im Wasser. Beim Anblick der blauen Gebirgsseen glaubt man, ein Weltwunder entdeckt zu haben.

Zurück in Kabul machte ich mir Gedanken zur Weiterreise über Jalalabad nach Pakistan. Zwischen Kabul und dem Nachbarland türmte sich aber der mächtige Gebirgsstock um den Khyber-Pass auf. Früher hieß es: Wer diesen Pass kontrolliert, der beherrscht den Weg nach Indien; der Khyber war tatsächlich das Tor zum Subkontinent. Die Paßstraße zog sich über 50 km in Serpentinen hinauf zur 1072 m hohen Paßhöhe. Jenseits des Gebirgskamms gings hinunter durch Paschtunengebiet ins pakistanische Peshawar. Von dort fuhr ich per Bus zur Grenzstadt Lahore weiter, später nach Amritsar in Indien und Kathmandu in Nepal, meinem eigentlichen Reiseziel.

Pakistan - Am Weg nach Indien
Khyber-Pass, Swat-Tal und Indus

Auf meinen zwei Überland-Reisen nach Indien bin ich beide Male durch Pakistan gekommen. Bei meiner ersten Fahrt kam ich 1976 aus Kabul über Jalalabad an die afghanisch-pakistanische Grenze in Torkham. Dieser Ort liegt am Zugang zum berühmten Khyber-Pass, der sich auf pakistanischem Staatsgebiet befindet, in etwa 1070 m Höhe. Zuvor war ich in Jalalabad noch in einem Café gesessen und hatte mich mit starkem Tee etwas aufgemöbelt. Zwei Typen aus der Stuttgarter Gegend hatten mich in ihrem alten Mercedes, den sie in Goa/Südindien verkaufen wollten, ein Stück Wegs mitgenommen. Der Grenzübertritt verlief ausnahmsweise unproblematisch, für mich als Mitfahrer ohnehin. Als Fahrzeugbesitzer musste man jedoch ein Zolldokument, das Carnet de Passage, vorweisen und abstempeln lassen; damit wurde die Kfz-Ausfuhr bestätigt. Auf der pakistanischen Seite wurde die Einfuhr entsprechend dokumentiert.

Danach begann der Anstieg auf der 50 km langen, kurvenreichen Paßstraße. Als erstes kamen wir durch die Stadt Landi Kotal. Bereits hier wurde die Straße damals von paschtunischen Stämmen und nicht von der pakistanischen Staatsmacht kontrolliert. Ein Stück weiter reihte sich in einer Ortschaft ein Waffenladen an den anderen. Hier gab es auch Waffenschmieden, die selbst Gewehre und Pistolen herstellten. Diese wurden auch uns angeboten, obwohl wir eine gewisse Neugier zeigten, jedoch keinerlei Kaufinteresse hatten. Je dunkler es wurde, umso unheimlicher war mir dieses Paschtunengebiet, in dem der Staat wenig zu sagen hatte, Waffenhändler und Schmuggler hingegen umso mehr. Alle paar Kilometer wurden wir kontrolliert und schauten in Gewehrmündungen. Vermutlich wurde nach mitgeführten Waffen gesucht. Vor fast 50 Jahren herrschten in dieser Gebirgsgegend noch ziemlich archaische Regeln und Umstände, die uns fremd waren. Hier wollte man eigentlich nur durch und weg.

An der afghan.-pakistan. Grenze (Nähe Khyber-Pass)

Ich war froh, bald hinter dem Khyber-Pass in die große Stadt Peschawar zu gelangen, zwar in der Nacht, aber es gab genügend Unterkünfte. Peschawar war der Ausgangspunkt für einen Abstecher in das Swat Valley im Norden Pakistans das, abseits der Transitstrecke nach Indien, mehrere hundert Kilometer ins Vorgebirge des Karakorums hineinreichte. Die Einheimischen schwärmten von diesem Tal, von wo man einen herrlichen Blick auf die nordpakistanischen Bergketten hatte. Das Swat Valley mit den umliegenden Bergen erinnerte an alpenländische Gegenden; es grenzt an die bekannten Distrikte Chitral und Gilgit.

In diesem abgeschiedenen Teil Pakistans war das Leben noch preiswert, jedenfalls für anspruchslose Besucher. In einer malerisch in einer Biegung des Swat-Flusses gelegenen Unterkunft kostete die Übernachtung im Herbst 1976 gerade mal umgerechnet 75 Pfennige! Hier trafen gelegentlich Welten aufeinander, etwa bei den unterschiedlichsten Beförderungsmitteln: Kamele neben ausländischen Limousinen. Allerdings: Allein abseits der Straße ins Gebirge zu wandern, konnte gefährlich werden - wilde Hunde und teils feindselige Bergbewohner verdarben unerwartet das Vergnügen. Ich habe auch kehrt gemacht, als man mich mit Steinen bewerfen und vertreiben wollte.

Zurück auf der Transitstrecke zur indischen Grenze blieb ich nur kurze Zeit in den Großstädten Rawalpindi und Lahore. Mit einer Motorrikscha gings zum einzigen Straßengrenzübergang in Wagah. Auf der anderen Seite, in Atari, wurde ich mit dem Gruß "Welcome to India" willkommen geheißen - das war ein guter Beginn der Weiterfahrt durch Nordindien.

Zugschaffner beim Kontrollieren der Passagierliste

Durch Pakistan - von Südwest nach Nordost - kam ich fast 30 Jahre später erneut, auf meiner zweiten Indienreise 2005. Bei Mirjaveh / Taftan überquerte ich den wichtigsten iranisch-pakistanischen (Straßen- und) Bahnübergang mit dem Zug. Hier unten in Belutschistan befand ich mich in dem berüchtigten Dreiländereck Iran-Pakistan-Afghanistan. Sowohl die wenigen Züge als auch die Straße in Richtung Quetta durften wegen der großen Überfallgefahr nur unter Polizeischutz benutzt werden. Wenn man über Quetta später nach Indien weiterreisen wollte, mußte man -

Der Zug von Quetta Richtung Indus-Tal

wie ich schon 1976 - den einzigen offenen Grenzübergang (auf der Straße oder Schiene) zwischen Lahore und Amritsar nehmen. Von Quetta fuhr der Zug durch herrliche Gebirgslandschaft über den etwa 1800 m hohen Bolan-Pass nach Sukkur in die Tiefebene hinunter. Dort überquerte die Bahn den Indus, den man im Dunkeln heraufglitzern sah, über die Ayub-Brücke nach Rohri. Ab hier folgte man sodann dem 3200 km langen, wichtigsten Strom Pakistans auf dem Schienenweg in nordöstlicher Richtung bis nach Multan. 27 Stunden nach Abreise in Quetta kam ich schließlich in Lahore an. Immerhin verbrachte ich die Fahrt im Viererabteil, das ich mit zwei Deutschen teilte, die nach Rawalpindi weiterfuhren, einigermaßen komfortabel und unterhaltsam; außerdem wurde man mit Essen und Trinken bedient. Da es in den nächsten Tagen bedauerlicherweise keinen Zug nach Delhi gab, mußte ich mit Bus und Taxi die letzten Kilometer zur indischen Grenze zurücklegen. Dort bekam ich von der Tribüne aus die imposante Wachablösung der Soldaten

Auf dem Weg zur indischen Grenze

zu sehen. Amritsar und sein Sikh-Heiligtum, der Goldene Tempel, waren nicht mehr weit...

Zum nepalesischen "Matterhorn"
Endstation Annapurna-Basislager

Es gibt im Himalaya einen markanten Berg, der dem Matterhorn in der Schweiz sehr ähnelt - wenn auch nur von vorn. Auf nepalesisch heißt er Machhapuchhare, und englischsprachige Trekker nannten ihn damals Fish Tale. Warum er auch als Fischschwanz bezeichnet wurde, erkannte man spätestens auf dem letzten Teil des Pfads, der zu seinem Basislager in 3600 m Höhe führte: Da sah man nämlich unerwarteterweise, dass das nepalesische - im Gegensatz zum schweizerischen - Matterhorn zwei Gipfel hat, etwa gleich hoch und durch einen Grat verbunden. Wenn das kein Grund war, dorthin zu wandern - und dabei fast gleichzeitig das Annapurna-Massiv aus der Nähe zu sehen und sein Basislager, auch als Sanctuary bezeichnet, zu besuchen. Aber davor lag bei mir ein sehr weiter Weg.

Anfang Oktober 1976 war ich nämlich in München losgefahren und auf dem etwa 10.000 km langen Landweg über Jugoslawien, Türkei, Iran, Afghanistan, Pakistan und Indien - auf dem sog. Hippie Trail - nach Nepal gelangt. Nach sechs Wochen Fahrt war ich jedoch nicht frohgestimmt, sondern recht krank in Kathmandu angekommen: mit Fieber, Übelkeit, Kopfschmerzen, Durchfall und Bronchitis. Nach erfolglosen Selbstkurierungsversuchen musste ich wohl oder übel in ein hiesiges, von der Deutschen Botschaft empfohlenes Krankenhaus. Verschiedene, diesmal ärztliche Heilungsversuche führten zu Teilerfolgen. Jedenfalls verließ ich nach vier Tagen das Hospital - in der Hoffnung, an der frischen Hochlandluft schneller zu gesunden. Und tatsächlich kam ich schnell wieder zu Kräften und konnte bald einige Ausflüge im Kathmandutal unternehmen, etwa zu den Königsstädten Patan und Bhaktapur sowie auf den Aussichtsberg Sarangkot.

Der Machhapuchhare (6997 m), auch Fish Tale genannt

Aber dann zog es mich doch per Bus nach Pokhara, der zweitgrößten Stadt des Landes, von wo aus man reizvolle Trekkingtouren in den Himalaya hinein machen konnte. Nach stundenlangen Testwanderungen befand ich mich für fit genug, um in Richtung Annapurna und Machhapuchhare aufzubrechen. Mit zwei Franzosen, Denis und Yves, machte ich mich auf den Weg, nachdem ich im Ort noch Lebensmittel für einige Tage unterwegs eingekauft hatte. Eine , wenn auch etwas ungenaue, Wanderkarte hatte ich mir ebenfalls besorgt. Da es auf unserem Weg über Dhumpus keine Kontrollstellen gab, mussten wir auch kein (seit kurzem erforderliches) Trekking-Permit erwerben. Zwischen Dhumpus und Landrung gab es keine weiteren Dörfer.

Das Annapurna-Massiv, über 8000 m hoch

Die beiden Stationen in Richtung Hochgebirge, Landrung und Gandrung, waren zwei Gurungdörfer, die einander hoch über dem Tal des Modi Khola-Flusses gegenüber lagen. Hier machten die beiden Franzosen kehrt, da ihnen die stundenlangen Märsche zu anstrengend waren. Ich fühlte mich weiterhin wohl und fand in Gandrung zwei neue Begleiter, John und Paul, einen Australier und einen Amerikaner, denen ich mich anschließen konnte. Hier konnte man nochmal Essen und Getränke auftanken, da es die nächsten Tage keine Verpflegungsmöglichkeiten am Weg gab. Dadurch wurde natürlich auch der Rucksack schwerer. Das Ziel lockte umso mehr: die Basecamps von Machhapuchhare und Annapurna am Fuß des Hochgebirges.

Bisher hatten wir unterwegs kaum Leute - Einheimische oder Wanderer - getroffen, obwohl der bisherige Trekking-Pfad in den Annapurna Sanctuary Trek einmündete. Die beiden Begleiter hatten ungefähr die gleiche Gehgeschwindigkeit drauf wie ich. Der weitere Weg war zunächst noch gut begehbar, später wurde der Pfad enger und steiler. Über Gebirgsbäche führten grundsätzlich nur schmale, schwankende Brücken, die aus wenigen neben- und übereinandergelegten Baumstämmen bestanden. Diese Rinnsale machten das Bergwandern in Nepal so anstrengend, denn kaum hatte man hunderte von Höhenmetern gewonnen, querte wieder ein Bach das

Gebirge. Und um ihn zu überwinden, musste man natürlich bis zu seinem Bett hinuntersteigen.

Unterwegs suchten wir bereits Holz für den Abend am Lagerfeuer zusammen, denn weit und breit gab es kein Rasthaus mehr. Wir schafften es noch bis Hinko, eigentlich nur ein Felsvorsprung, der den Wind etwas abhielt. Bei Einbruch der Dunkelheit machten wir ein Feuer an, über dem wir Tee kochten. Nachdem alles Brennholz verbrannt war, legten wir uns mitsamt den Schuhen und allen mitgeführten Klamotten in die Schlafsäcke; darüber zog ich noch ein von zu Hause mitgebrachtes zusammengenähtes Plastiktischtuch, das die Wärme etwas aufstaute. Aber nach ein paar Stunden wich der Nachtschlaf trotzdem der Kälte...

Am anderen Morgen war ich, bei Temperaturen um minus 10 Grad, beim Wasserholen über glattes Felsgestein in einen Gebirgsbach gerutscht. Glücklicherweise hatte ich Klamotten zum Wechseln dabei. Die ausgezogene nasse Hose fror innerhalb von Minuten stocksteif zusammen. Nach wenigen Stunden, in etwa 3500 m Höhe, wurde die Last auf dem Rücken immer schwerer und der Weg immer steiler. Alle paar Minuten mußte man kurz stehen bleiben, um sich zu erholen. Letzte Station vor dem Ziel war die Hütte des Machhapuchhare-Basecamps in etwa 3600 m Höhe. Im Hintergrund war ein 8000er-Gipfel aus dem

Annapurna-Massiv zu sehen. Jeweils am späteren Nachmittag versteckte sich das Hochgebirge im Dezember allerdings hinter weißen Wolken. Im Annapurna-Basislager auf rund 4150 m sah man sich umgeben von steilen Schnee-, Eis- und Felswänden, die einen fast erdrückten. Man konnte verfolgen und auch hören, wie in kurzen Zeitabständen Lawinen nacheinander herunterdonnerten, jedoch in sicherer Entfernung.

Das Tor zur Königsstadt Bhaktapur

Noch einmal mehrere Tage dauerte mein Abstieg vom Annapurna-Basecamp nach Pokhara. Zwei davon war ich allein, und ich hatte manchmal schon etwas Angst, den Weg zu verlieren. Wegweiser gab es keine, und man begegnete auch kaum jemandem, den man nach dem Weg hätte fragen können. Schließlich liegen die beiden Basislager weit abseits von bewohnten Gegenden. Vom Weg abkommen hätte bedeutet, stunden- oder gar tagelang im Gebirge herumzuirren, was nicht wenigen passiert ist. Jedenfalls kam ich wieder nach Pokhara zurück - wenn auch mit einigen Blessuren und am Schluß nur noch in der Lage, humpelnd zu gehen. Aufgeplatzte Zehen und Zerrungen machten die letzten Kilometer nicht gerade zum Vergnügen. Außerdem wurde ich auch noch von einem Hund gebissen. In den insgesamt zehn Tagen in den Bergen hatte ich mindestens 170 km zurückgelegt, mit viel Gepäck am Rücken und einer kompletten Fotoausrüstung an der Schulter. Jeden Tag war ich wenigstens sechs Stunden unterwegs gewesen.

Die Weihnachtsfeiertage verbrachte ich in Kathmandu. Ich traf die Franzosen wieder, die zwei Tage mit mir gewandert waren, und wir kauften für den Heiligabend außer einem Huhn, das wir vor ihrem Hotel über einem Feuer brieten, noch andere leckere Dinge wie Apfelkuchen und Sahnetorte aus Kathmandus hierfür bekannt guten Bäckereien, die sich hervorragend auf westliche Touristen-Geschmäcker eingestellt hatten.

Die Bagdad- und die Hedschas-Bahn
Historische Züge und Bahnhöfe in Nahost

Aleppo und Damaskus waren wichtige Bahnstationen der beiden großen Eisenbahnen im Orient. Während Aleppo an der Strecke der Bagdadbahn lag, war Damaskus, knapp 300 km weiter südlich gelegen, der Ausgangspunkt der Hedschasbahnlinie. Beide syrischen Städte konnte ich 2005 besuchen, fünf Jahre später erneut, gerade noch vor Beginn der Unruhen des sog. Arabischen Frühlings. Auch der Hedschas-Bahnhof von Amman in Jordanien samt seinem kleinen Museum waren damals zugänglich, ebenso die Bahnstation St. Michel in Beirut/Libanon.

Anno 2005 reiste ich, aus München kommend, zunächst auf dem Schienenweg des früheren Orient-Express, über Osteuropa nach Istanbul an. Dort nahm bekanntlich Anfang des 20. Jahrhunderts, auf der asiatischen Seite des Bosporus in Haydarpascha, die Bagdadbahn bis Konya ihren Dienst auf. Erst später folgte das Anschlussstück durch das Taurusgebirge und über die türkisch-syrische Grenze nach Aleppo, eine Gesamtstrecke von rund 1500 km. Von Istanbul bis Aleppo war ich seinerzeit etwa 34 Stunden unterwegs, in einem Liegewagen der türkischen Staatsbahn TCDD. Es fuhren außer mir noch einige weitere Touristen mit, u.a. vier unternehmungslustige Typen, teils mit

Tropenhelmen ausgerüstet, obwohl sie nicht weiter als bis Damaskus wollten. Dieser Zug lief - nur noch einmal wöchentlich - unter dem Namen Taurus-Express (Toros Ekspresi) von 1982 bis 2008. Agatha Christie war schon um 1930 mehrfach auf diesem Teilstück der Bagdadbahn nach Syrien unterwegs gewesen.

Bahnhof von Aleppo an der früheren Bagdadbahn

Auf einem Abstecher von Damaskus nach Beirut wollte ich damals noch schauen, was von der Libanonbahn übriggeblieben war, insbesondere am Gare Saint Michel (Mar Mikhael). Was ich in Beirut sah - außer dem guterhaltenen Bahnhofsgebäude St. Michel - war eher Friedhofsschmuck: verrostete Dampfloks sowie Rostlauben zum (früheren) Personen- und

Gütertransport, die meisten hinter Büschen und in zerfallenden Schuppen versteckt. Nicht überall war mehr zu erkennen, aus welcher europäischen Dampfroßschmiede (u.a. SLM-Loks) sie entstammten - und dass sie seit Beginn des letzten Jahrhunderts für lange Zeit die Verbindung nach Damaskus aufrecht erhalten hatten. Auf libanesischer Seite wurde die seit 1895 bestehende Bahnstrecke im Bürgerkrieg ab 1975 weitgehend zerstört.

Bevor ich jedoch am Bahnhof St. Michel fotografieren durfte, hatte ich förmlich eine Erlaubnis zu beantragen, die mit Gebührenmarke, Stempel und Unterschriften von zwei Bahn-Chefs versehen werden musste; außerdem wurden eine Passkopie und meine Visitenkarte angeheftet. Dann stand der Bahnhof für mich offen, samt Abstellgelände und Schuppen. Ein freundlicher, französischsprechender Bahnangestellter wurde zu meiner Führung abgestellt.

Die vier im Freien stehenden Dampfloks machten einen erbärmlichen Eindruck. Wesentliche Teile fehlten ihnen, eine gerettete Herstellertafel (Westwood, Baillie & Co, London 1882) wurde mir gezeigt. Der Blick ins Innere des Lokschuppens und der Ausbesserungshalle ließ an einen Horrorfilm denken! Auch die herumstehenden Waggons sahen übelst aus.

Seit Beginn des Bürgerkriegs waren Loks und Wagen offenbar nicht mehr in Betrieb gewesen.

Aber nun zurück nach Aleppo und seinem durchaus sehenswerten Hauptbahnhof. Dieser war zu meiner Besuchszeit 2005 noch einigermaßen in Gebrauch, vor allem als Bindeglied zwischen den beiden wichtigsten Großstädten Syriens: Aleppo und Damaskus (mit allerdings nur noch vier täglichen Zügen). Eine Zugverbindung zwischen diesen Orten gab es seit 1906, und sie war später über die Bagdadbahn an Istanbul angeschlossen. Das die Stadt überragende Wahrzeichen war der markante Burgberg (Zitadelle), der in sehr früher Zeit teils künstlich errichtet worden war. Unbedingt besuchenswert waren seinerzeit auch die archäologischen Schätze des Nationalmuseums sowie der ausgedehnte Basar (Suq).

Als ich im November 2010 erneut nach Syrien kam, war in diesem Teil des Orients die Welt noch halbwegs in Ordnung - wenn auch nicht mehr lang. Diesmal war ich aus der entgegengesetzten Richtung gekommen, aus Erbil in Irakisch-Kurdistan, danach ab Nusaybin entlang der türkisch-syrischen Grenze auf den Gleisen der Bagdadbahn bis Gaziantep. Mangels eines günstigen Anschlusszugs überbrückte ich das Zwischenstück nach Aleppo per Taxi, das mich dort direkt zum berühmten Hotel Baron brachte (das mich bereits bei meinem letzten Besuch vor fünf Jahren beherbergt hatte). Dank zügiger Grenzabfertigung mit des Taxlers Hilfe war ich innerhalb von drei Stunden an Ort und Stelle in Syrien.

Im Laufe des nächsten Vormittags kaufte ich am Bahnhof Aleppo die Fahrkarte für den Zug um 16.45 Uhr nach Damaskus: Preis für die 1. Klasse umgerechnet nur 4 Euro. Das Hotel Baron hatte übrigens eine gemütliche Bar, die ich am Abend davor aufgesucht hatte. Mein Zug hatte dann sogar ein Bordbistro, allerdings ohne Bier im Angebot. Der Großraumwagen war ziemlich voll besetzt, zu drei Vierteln von Männern, die Frauen waren meist verschleiert und schwarz gekleidet. Unterwegs wurde in Hama und - auf halber Strecke - in Homs gehalten. Ankunft in Damaskus am Bahnhof Al-Kadam war gegen 22 Uhr. Ein Hotel wurde per Taxi bald gefunden.

Der Hedschas-Bahnhof Kanawat, früher Ausgangsort der Hedschas-Bahnstrecke nach Medina in Saudi-Arabien, war andertags ein wichtiger Besuchspunkt. Unübersehbar war eine deutsche Oldie-Dampflok (von Jung, Bj. 1908) davor aufgestellt. Zusammen mit einem Touristen aus den Vereinigten Emiraten bekam ich eine Führung durch die sehr informative Fotoausstellung im Bahnhofsgebäude.

Der Führer war ein langjähriger Angestellter der Hedschas-Bahngesellschaft, der viel über die Geschichte dieser wichtigen Bahnlinie und über die ausgestellten Bilder zu berichten wusste. So etwa, dass die Wüstenstrecke nach Medina bereits 1908 fertiggebaut war und vor allem der Beförderung von Mekka-Pilgern und Soldaten diente. Nebenbei erwähnte er auch das Freiluft-Eisenbahnmuseum am Bahnhof Al-Kadam (wo ich im Zug aus Aleppo angekommen war). Da das Museum nur bis 15 Uhr geöffnet hatte, besorgte er uns ein Taxi, das Mohamed und mich im Eiltempo hinbrachte.

Das erst 2008 eröffnete Museum am Bahnhof Al-Kadam war eine Wucht: Mehr als ein Dutzend alte und uralte Dampflokomotiven waren dort in Reih und Glied im Freien oder im Lokschuppen bzw. im Ausbesserungswerk abgestellt (u.a. Loks von Borsig, Jung, Henschel und Hartmann, aus den Jahren von etwa 1884 bis 1918). Nach dem Museumsbesuch machten wir noch Fotos vom regulären Bahnhofs- und Zugbetrieb und unterhielten uns mit dem Bahnpersonal, wobei Mohamed ins Englische übersetzte.

Per Überlandtaxi gings rund 200 km weiter zu einer Bahn-Attraktion in Jordanien: nach Amman mit seiner ebenfalls Hedschas-Bahnhof genannten Station und zu dem in einem Güterschuppen befindlichen Bahnmuseum, das schöne geschichtsträchtige Gegenstände aus vergangenen Hedschas-Eisenbahnzeiten ausstellte - sogar eine Modelleisenbahn. Am Bahnhof konnte ich mich beliebig lang aufhalten, fotografieren und herumschauen. Die Bähnler hatten nicht viel zu tun und freuten sich über Abwechslung. Auf dem Bahngelände standen mehrere Dampfloks (u.a. von Jung, Nippon und Stevenson), im Schuppen GM-Dieselloks. Die frühere reguläre Zugverbindung von Amman nach Damaskus war bereits 2006 eingestellt worden.

Der Hedschas-Bahnhof in Amman / Jordanien

Der Bahnhofsvorsteher genehmigte mir persönlich das Fotografieren. Er bat mich, etwas Werbung für Dampfzug-Sonderfahrten zu machen; offenbar lief das

Geschäft damit nicht sonderlich gut. Die Wiederbelebung der alten Hedschas-Bahn hielt er für finanziell schwierig. Derzeit wurde gerade mal samstags ein Züglein 20 km weit nach Al Zaqar und zurück geschickt. Auf die reichen Saudis angesprochen, meinte er, dass diese jetzt Großprojekte wie Hochgeschwindigkeitszüge in ihrem Land im Blick hätten. Nach einigen Abschiedsfotos verließ ich die freundlichen Jordanier. Einer half mir noch beim Herbeiholen eines Taxis und handelte auch gleich einen günstigen Preis aus - bis zum römischen Theater, der Hauptsehenswürdigkeit von Amman.

Meine Reise führte mich weiter in den Süden des Landes, manchmal nah an der Hedschas-Bahnlinie entlang, die schon damals, von einzelnen Sonderfahrten abgesehen, nur noch Güter etwa nach Aqaba beförderte. Von Aqaba aus setzte ich mit einer Fähre zur ägyptischen Sinai-Halbinsel über, und später von Alexandria - wieder per Schiff - übers Mittelmeer nach Venedig zurück.

Zum Automarkt nach Damaskus
Mercedes-Verkauf im Nahen Osten

Am 2. Dezember 1977 starteten wir um 5 Uhr morgens in München – mein Kollege Arno und ich - mit einem Mercedes 200 B, Baujahr 1966 (mit Heckflossen), den wir im Orient meistbietend verkaufen wollten. Vor uns lagen über 4000 km Wegstrecke, Damaskus war unser Ziel. Als wir losfuhren schneite es stark, und es sollte wenigstens auf zwei Drittel der Strecke weiterschneien oder schneeglatt sein. Als Winterfahrzeug war unser Mercedes nicht ausgerüstet. Auf Sommerreifen durchquerten wir Österreich und anschließend das schneebedeckte Jugoslawien - mit einer Übernachtungspause im Auto bei Belgrad. Lediglich Nordgriechenland hatte trockene Straßen. Zwischen Istanbul und Adana, bis kurz vor der syrischen Grenze, gab es erneut Eis und Schnee auf dem Weg durch die Türkei. Am fünften Tag unserer Nahost-Reise kam schließlich Syrien in Sicht.

Das Visum bekamen wir problemlos, das Zolldokument Carnet de Passage wurde ohne Kommentar abgestempelt. Bis hierher hatten wir immer in unserem Fahrzeug gepennt, bei teils bitterer Kälte. Nachts in Damaskus angekommen, mieteten wir uns in einem Hotel ohne Sterne ein. Tags darauf fuhren wir dann nach Adra, ca. 30 km außerhalb der syrischen

Hauptstadt, wo sich der neue Zollhof befand und wo Fahrzeuge aus Europa ihre arabischen Käufer finden sollten. Dies war sozusagen der hiesige Auto-Marktplatz.

Damaskus, die Hauptstadt Syriens

Als die Händler uns sahen, brausten sie mit ihren Pkw vor und hinter uns her und forderten uns zum Anhalten auf. Kaum angehalten, wurden die hinteren Türen unseres Mercedes aufgerissen, und schon saßen mehrere Araber herinnen. Andere öffneten den Kofferraum und klopften das Blech nach Roststellen ab. Wir waren erstmal leicht geschockt ob der Invasion und versuchten, die Typen wenigstens aus dem Auto zu vertreiben. Sogleich wurden wir aber von einem sehr gut deutsch sprechenden Autohändler aufgeklärt:

es sei hier üblich, neuankommende Fahrzeuge auf diese Art zu begutachten. Aha, gut zu wissen!

Da wir nicht gleich einen geeigneten Käufer fanden, fuhren wir zwischendurch nach Beirut, um den dortigen Kfz-Markt zu erkunden. Bereits auf der Ausfallstraße in Richtung Libanon merkte man, daß man sich einem Land im Besatzungszustand näherte. Alle paar Kilometer tauchten an der Straße Militärposten mit Soldaten auf, die einen anhielten und mit ihren Gewehren vor der Nase herumfuchtelten. Manche der Posten hatten sich hinter Sandsäcken verbarrikadiert, aus denen ein Maschinengewehr hervorlugte. Das erforderliche Visum war immerhin beim Grenzübertritt an Ort und Stelle erhältlich. In der Altstadt von Beirut sahen wir sehr deutlich die Zerstörungen durch den Bürgerkrieg. Auf der Fahrt zur Deutschen Botschaft waren manche Straßen kaum passierbar vor lauter Brandschutt. Auch das Botschaftsgebäude wies zahlreiche Einschusslöcher auf. Abschließend mussten wir aber wohl oder übel mit unserem Mercedes wieder nach Damaskus zurück, wenn wir ihn hier nicht mit Verlust verkaufen wollten. Kaufwillige waren an der Place des Martyrs im Zentrum zwar vorhanden, aber zahlen wollten sie nicht viel, oder nur in hiesiger Währung.

Zurück im Hotel wurden wir um 2 Uhr morgens durch Gepolter an der Tür unsanft geweckt. "Aufmachen, Polizei!" wurde gerufen. Es kamen fünf Leute in unser Zimmer, mit Maschinenpistolen und Gewehren bewaffnete Polizisten oder Soldaten. Wir mußten die Pässe zeigen, und unser Gepäck wurde durchsucht. Nach einigem Hin und Her verließen sie den Raum wieder, ohne sich zu erklären.

Unser im Orient zu verkaufender Mercedes

Am nächsten Tag kamen am Zollhof bei Damaskus zwei Taxiunternehmer aus dem Libanon auf uns zu und fanden sogleich Gefallen an dem für sein Alter ordentlichen Mercedes. Da wir den Kaufpreis in DM haben wollten, mussten die beiden bei Geldwechslern im Bazar den benötigten Betrag ziemlich mühsam aus libanesischen Pfund in Deutsche Mark eintauschen - schwarz, versteht sich. Offiziell war in Syrien keine Mark für syrisches oder libanesisches Geld zu bekommen. Teils liefen, teils schlichen wir durch den Bazar, von Laden zu Laden, wobei jeweils nur einer der Libanesen zu den Schwarzhändlern hineinging. Wir anderen mussten uns möglichst unauffällig draußen aufhalten. Schließlich bestand ja die Gefahr, dass die Polizei das Geld beschlagnahmte und wir außerdem bestraft wurden. Nach stundenlanger Suche hatte endlich ein Schwarztauscher den gewünschten Betrag an DM parat.

Danach wurde das Auto, zur Vermeidung weiterer Kfz-Steuer und Versicherungsbeiträge, bei der Deutschen Botschaft in Damaskus abgemeldet, was dort auch nicht alle Tage vorkam. Sodann gings erneut in Richtung Grenze, wo beim libanesischen Zoll stundenlang unzählige amtliche Formulare auszufüllen und von den Vertragsparteien zu unterschreiben waren - alles in der uns unbekannten arabischen Sprache. Der Käufer hatte an der Straße nach Beirut seinen Taxibetrieb. Ein Notar beglaubigte noch spätabends in seiner Amtsstube den Kaufvertrag. Nach der abschließenden Geld- und Fahrzeugübergabe und freundlichem Handschlag kehrten wir mitten in der Nacht mit einem riesigen Amischlitten als Taxi nach Damaskus zurück, erleichtert zwar, aber doch ziemlich geschafft. Mein Kollege Arno verließ tags darauf den Orient; der ziemlich nervige Autohandel war ihm und mir nicht so märchenhaft wie eine Geschichte aus tausendundeiner Nacht vorgekommen.

Ich zog nun allein per Bus nach Jordanien weiter. In Amman erhielt ich nach tagelangen vergeblichen Anläufen beim Innenministerium über eine Reiseagentur die Erlaubnis für den Besuch des Westjordanlandes und damit Israels. Durch das Jordantal und über die Allenby-Brücke ging es nach Jericho am Toten Meer, danach hinauf nach Jerusalem, einem der Hauptpilgerorte der Christen (Einzelheiten zu meinem Besuch der berühmten biblischen Stätten s. "Vor Weihnachten ins Heilige Land").

Palmyra - Oase in der syrischen Wüste
Und ihre libanesische Schwester Baalbek

Der Name Palmyra hat einen mystischen Klang, der auch mich 2005 in die syrische Wüste gelockt hat. Ebenso übte die im 3. Jahrhundert n.Chr. dort regierende Königin Zenobia eine Art magische Anziehungskraft auf Reisende in unserer Zeit aus, obwohl sie damals nicht lange herrschte. Meine Reise führte zunächst auf den Schienen des Orient-Express von München nach Istanbul und von dort auf der Bagdad-Bahnstrecke nach Aleppo - und schließlich nach Damaskus. Beirut und Baalbek im Libanon standen ebenfalls auf meinem Nahost-Programm.

Aleppo war seinerzeit noch eine blühende, unzerstörte und lebendige Metropole. Sie besaß den größten Basar des Orients, wenn nicht der ganzen Welt. Die mächtige Burg über der zweitgrößten Stadt Syriens war ihr Wahrzeichen. Der Bahnhof, an dem ich ankam und bald darauf nach Damaskus weiterfuhr, lag am Weg der im letzten Jahrhundert vielbefahrenen und berühmten Bagdadbahn, die in den benachbarten Irak führte. Eines der bekanntesten Hotels von Aleppo war das Baron, in dem früher Persönlichkeiten wie Agatha Christie und arabische Fürsten abstiegen. Da konnte ich auch nicht anders, als hier einmal zu nächtigen, zum sehr angemessenen Preis von 45 Dollar. Das Hotel hatte eine behaglich eingerichtete Bar mit angenehmer Atmosphäre, und es gab köstlich frisches Bier, keine Selbstverständlichkeit in einem islamischen Land.

Kurz nach Mitternacht fuhr mein Zug nach Damaskus ab. Ich hatte tags zuvor einen Liegewagenplatz ergattert. Die Ankunftszeit am frühen Vormittag nach knapp siebenstündiger Fahrt am Bahnhof Al Kadam war günstig - so hatte ich genug Zeit für die Hotelsuche. Ein Taxifahrer brachte mich zum Oriental Palace am Hedschas Bahnhof, das aber wie das nahe Sultan Palace ausgebucht war. Der Taxler kannte jedoch auch das Al Majed Hotel; hier bekam ich nach kurzem Handel ein ordentliches, preiswertes Zimmer. Nach Besichtigung der deutschen Museumslok vor dem Hedschas Bf. gings zum Busbahnhof. Dort sollte in einer halben Stunde der nächste Omnibus nach Palmyra abfahren - für 110 syrische Pfund (ein paar Dollar). Die herumstehenden meist alten Busse durften nicht fotografiert werden; die Reisetasche wurde gründlich durchsucht, sicher ist sicher!

Von Damaskus aus konnte man Palmyra seinerzeit ziemlich unromantisch mit dem Omnibus durch die nahöstliche Wüste erreichen. Etwa alle 50 km lag eine Ortschaft am Weg, manchmal eine kleine Raststätte mit Café und ein paar Hütten daneben. Einmal zweigte eine Straße zur irakischen Grenze und nach Bagdad ab.

Palmyra mit der prächtigen Säulenstraße

Palmyra und die über ihr thronende Festung aus der Kreuzritterzeit tauchten nach 225 km und mehrstündiger Fahrt inmitten sandiger Landschaft auf. Die Oasenstadt lag dicht neben den prachtvollen römischen Anlagen, die ihre Hauptattraktion ausmachten. Die Römer waren schon vor über 2000 Jahren die Herrscher über die Oase und ihr weites Umland geworden. Kaiser Tiberius fügte den "Ort der Palmen", wie Palmyra von ihm genannt wurde, in die römische Provinz Syrien ein, und dies bereits im ersten Jahrhundert nach Christus.

Ich mietete ein Taxi mit Fahrer und Führer und ließ mir die wundervollen, in der Sonne leuchtenden Sehenswürdigkeiten zeigen. Von der Bergfestung Qalat Ibn Maan hatte man einen phantastischen Blick auf die prächtige römische Säulenstraße mit dem Hadriansbogen, auf das Theater, verschiedene Tempelruinen, das Tetraphylon und ganz weit hinten den Baal-Tempel. Die Gräberfelder und insbesondere die Grabtürme mit mehreren Stockwerken waren aus der Nähe ebenso beeindruckend wie die vielen schönen und schlanken Säulen.

Und was war mit der sagenhaften Gestalt der Königin Zenobia? Nach der Ermordung ihres Gatten, des Heerführers Odaenathus, übernahm sie 267 n. Chr. die Macht und erkämpfte die Unabhängigkeit Palmyras. Als sie jedoch ihre Herrschaft bis Ägypten und die heutige Türkei ausdehnte, wurde ihr Land schon vier Jahre später von Kaiser Aurelian ins römische Reich zurückerobert.

Der Eindruck von der bedeutendsten Ruinenstätte Syriens, wie Palmyra eingeschätzt wurde, wirkte tief nach. Meine beiden Taxiunternehmer halfen mir noch dabei, eine Rückfahrtmöglichkeit nach Damaskus zu finden. Jedoch waren alle Omnibusse bis auf den letzten Platz besetzt. Fast hätte ich in Palmyra übernachten müssen, als wir schließlich doch noch einen freien Sitz in einem Minibus erwischten - ein kleines Erfolgserlebnis an einem wunderbaren, sonnigen Tag in der syrischen Wüste.

Palmyra fiel 2015, zehn Jahre nach meinem Besuch, in die Hände der Terroristen des IS; das UNESCO-Weltkulturerbe wurde teilweise zerstört. Erst 2017 wurde der IS endgültig aus dem Ruinenfeld vertrieben.

Zurück in Damaskus, machte ich mich bald auf den Weg in den Libanon, wo ich Beirut und vor allem Baalbek besuchen wollte. Hierzu begab man sich am besten zum Überlandtaxibahnhof. Dort fand ich einen alten amerikanischen Dodge-Straßenkreuzer (Baujahr 1964), der auf Mitfahrer wartete. Fünf Passagiere hätten mitkommen können; als längere Zeit nur vier zusammenkamen, legte der Fahrer den Preis für den fünften auf die anderen um (insges. 14 Dollar pro Mann) und fuhr los. Die Schnellstraße führte zweispurig in jeder Richtung zunächst durch das schneebedeckte Antilibanongebirge und über Schtura in die Hauptstadt am Mittelmeer. Für den Grenzübertritt sammelte der Taxifahrer die Pässe ein und erledigte die Formalitäten routiniert; bald gings auf schneller Fahrt weiter.

Da ich Beirut, das immer noch starke Spuren des Bürgerkriegs aufwies, von früher her kannte, fuhr ich bereits tags darauf zu der berühmten römischen Tempelanlage Baalbek, diesmal mit einem hier gebräuchlichen Minibus. Die Strecke von etwa 85 km führte wieder über die zentrale Stadt Schtura in die höher gelegene Bekaa-Ebene, wo Baalbek sich am Fuß des Antilibanongebirges befindet. Die Säulen des größten von der Römern erbauten Jupitertempels waren schon von weitem unübersehbar zu erkennen. Beim Näherkommen hatten die Säulen und Ruinen aber doch nicht ganz die enorme Ausstrahlung wie die Paläste und Tempel von Palmyra - vielleicht lags an dem trüben Wetter.

Der Tempel des Jupiter in Baalbeck / Libanon

Als ich dann aber in der imposanten Anlage drin war, erschienen vor allem die mächtigen Säulen als sehr wuchtig. Der Ruinenkomplex ist ja auch eine der größten römischen Attraktionen im östlichen Mittelmeerraum. Der mächtige Jupiter-Tempel wurde bereits im 1. Jh. n. Chr. von den Römern unter Kaiser Nero erbaut. Seine sechs Säulen sind noch heute das verbliebene Wahrzeichen Baalbeks. Die antike Anlage ist Weltkulturerbe der UNESCO.

Die historischen Ruinen wurden, während ich dort war, lediglich von einer kleinen Anzahl Touristen besucht; Einheimische boten sich als Führer an. Ich machte meinen Rundgang allein; von den Souvenirverkäufern erwarb ich ein paar Andenken. Nach einem Kurzbesuch bei der Tourist Information drehte ich in einem Minibus noch ein paar Runden durch Baalbek - eine unerwartete Stadtbesichtigung auf der Suche nach weiteren Mitfahrern.

Später, bei einem erneuten Halt in Schtura, auf halber Strecke nach Beirut, wachte ich auf, als der Fahrer kurz den Motor abstellte. Für mich war dieser mit einigen Höhepunkten dichtgedrängte Nahostaufenthalt machmal eben auch anstrengend gewesen. Aber er neigte sich seinem Ende zu, schließlich musste ich demnächst mal wieder nach Hause. Palmyra und Baalbek sowie die sie umgebenden orientalischen Regionen blieben aber noch lange im Gedächtnis haften.

Reise nach Irakisch-Kurdistan
Zurück mit der Bagdad-Bahn

Manche Länder im Nahen Osten kann man ohne Visum bereisen, für andere muss man bereits Wochen im voraus bei der zuständigen Botschaft in Deutschland ein Visum beantragen. Auf meiner Nahost-Reise im Herbst 2010 wollte ich vor allem den Irak besuchen. Für die Einreise in die Republik Irak (die meist per Flugzeug in die Hauptstadt Bagdad erfolgt) hätte ich jedenfalls vorab ein Visum benötigt. Bei einer Fahrt auf dem Landweg über die Türkei und den einzigen türkisch-irakischen Grenzübergang Ibrahim Khalil bekam man hingegen direkt an der Grenze einen Einreisestempel.

Angesichts dieser günstigen Rechtslage wollte ich auf jeden Fall in die "Autonome Region Kurdistan" (wie Irakisch-Kurdistan offiziell seit Anfang der 90er Jahre heißt) reisen und die politische Lage in diesem fast unabhängigen, nördlichen Landesteil in Augenschein nehmen. Und so fuhr ich überwiegend auf dem Seeweg von Italien über Griechenland in die Türkei (Venedig - Patras - Athen - Rhodos - Marmaris). An der türkischen Riviera entlang gings sodann über Land nach Antalya, Adana und Gaziantep - meist per Bus oder Taxi - und schließlich nach Silopi, unweit der irakischen Grenze.

Im Hotel Habur, an der Durchgangsstraße zum Irak, übernachtete ich und fand am nächsten Morgen einen Taxifahrer, der mich in Begleitung seines Bruders zum etwa 20 km entfernten türkischen Grenzübergang Dernak brachte. Dieser war als absolut schikanös und zeitaufwendig verschrien. Die vielen kurdischen Lkw- und Autofahrer waren sehr wütend über die personell völlig unterbesetzten Polizei- und Zollhäuschen. Aber mein Fahrergespann kannte sich dort aus: Während der eine das Fahrzeug in der Warteschlange weiterschob, liess der andere die Pässe und Kfz-Papiere abstempeln. Trotz Chaos und totaler Desorganisation schaffte er die Überwindung der bürokratischen Hindernisse in rekordverdächtiger Zeit: einer guten Stunde! Auf irakischer Seite, in Ibrahim Khalil, verliefen die Einreiseformalitäten sehr gesittet, ohne Streit und Schikane wie auf türkischem Territorium - kaum zu fassen, der Unterschied!

Nur bis Zakho, kurz hinter die Grenze, durfte mein Taxi fahren; dort vermittelte mir der Fahrer einen kurdischen Kollegen, der mich nach Erbil, zur Hauptstadt der Autonomen Kurden-Region, bringen würde. Der neue Taxler sprach zwar kein Englisch, lotste uns aber geschickt durch die etwas zähen Kontrollstellen zum Fahrtziel, zwischendurch waren wir mal an einer Raststätte zum Mittagessen. Vor dem Checkpoint Erbil bildete sich gar ein Riesenstau.

Die Zitadelle von Erbil im Nord-Irak

Der schnellste Weg nach Erbil hätte über Mossul und die Autobahn Richtung Bagdad geführt, die aber stark überfallgefährdet war; so gings stattdessen auf der Landstraße durch Dohuk. In Erbil stieg ich, nach 200 km und mehreren Stunden Fahrtzeit, in ein Stadttaxi um, das mich ins christliche Viertel Ainkawa brachte und dort zum Hotel-Restaurant Deutscher Hof. Bei dessen Thüringer Wirt und Afghanistan-Veteran Gunter hatte ich mich per Email angekündigt. Diese deutsche Oase im unruhigen Irak, mit Essen wie daheim und gezapftem Bier, war das Höchstmögliche, was zu bekommen war. Meine Ankunft und die von zwei weiteren Deutschen feierten wir mit einigen Flaschen Sekt!

Der Gastwirt machte für die beiden und mich, zusammen mit dem bewaffneten Leibwächter Assadi, einen halben Tag lang den Fremdenführer durch die Altstadt von Erbil, vor allem zu der 8000jährigen Zitadelle, dem UN-Kulturerbe der Millionenstadt. Es folgte ein beeindruckendes Gespräch mit dem Vize-Gouverneur (in der Funktion eines stellvertretenden Ministerpräsidenten) über die Zusammenarbeit zwischen Deutschland und Irakisch-Kurdistan. Er lobte vor allem die deutschen Produkte, insbesondere die Autos, sowie das technische Wissen und organisatorische Können, gerade im Vergleich zu dem, was die Türken zu bieten hätten.

Nach einem Gang durch das lebhafte Stadtzentrum und am Basar entlang, speisten wir in einem landestypischen Lokal; der Wachmann mit offen getragener Pistole war immer dabei. Später besuchte ich die christliche St. Josefs-Kirche, in der gerade ein Gottesdienst mit dem Bischof stattfand und die auch von einem Wachposten mit Maschinenpistole gesichert wurde.

Gunters Gaststätte wurde gern von Mitarbeitern der hiesigen deutschsprachigen Institutionen und Firmen, von der Botschaft, dem Goethe-Institut oder der deutschen Schule und Entwicklungshilfeorganisationen aufgesucht und zum Diskurs und zum Netzwerken genutzt. Ich konnte u.a. mit dem Leiter des deutschen Wirtschaftsbüros sprechen. Gunter machte auch gern Musik für seine Gäste, sogar zum Mitsingen. Ein kurdischer, englischsprachiger Anwalt, Said, lud mich bei dieser Gelegenheit in sein Haus mit Kanzlei zum Kaffee und zum Austausch über internationalrechtliche Themen ein. Er lebte und arbeitete in einem durch eine Mauer und mit bewachtem Zufahrtstor abgeschlossenen Ortsteil.

Bald war jedoch der Zeitpunkt gekommen, um wieder in die Türkei zurückzureisen. Gunter, der Wirt vom Deutschen Hof, vermittelte mir zwei Kurden, die mich mit ihrem Taxi nach Zakho, nahe der türkischen Grenze, bringen sollten - nach gemeinsamer Vereinbarung des Fahrpreises. Der Rückweg führte mit fast fünfstündiger Dauer, dank zahlreicher Polizeikontrollen, etwas näher am Iran und am Zagros-Gebirge sowie dem Bekhme-Dammprojekt vorbei, u.a. über Akre und Zaweta nach Zakho. Hier war wieder Taxiwechsel mit nachfolgendem Grenzübertritt - wie gehabt: Relativ zügige Abfertigung auf irakischer Seite, lange Wartezeit (mehr als zwei Stunden) bei den Türken. Die Busfahrt von Silopi über Cizre nach Nusaybin erfolgte dagegen fast in Windeseile; die Uhr war nun um eine Stunde zurückzustellen. Im Hotel Bulvar konnte ich übernachten, bevor ich mich zum Bahnhof der ehemaligen Bagdadbahn aufmachte - im Auto von zwei freundlichen Polizisten mitgenommen.

Kaum dort angelangt, wollte mir gleich einer der Aufpasser das Fotografieren verbieten und erklärte, es gebe keine Züge nach Gaziantep, meinem nächsten Reiseziel. Sein Chef hingegen hatte bessere Nachrichten für mich: Morgen Nachmittag würde ein gemischter Güter- und Personenzug dorthin abfahren; außerdem durfte ich Fotos machen, na sowas! Ich schenkte ihm einen Bahn-Anstecker, den er sofort stolz an sein Jacket heftete. Danach fuhr ich mit einem Sammeltaxi (Dolmus) nach Midyat mit seinen vielen, teils uralten Kirchen in der Altstadt, sodann weiter zu dem berühmten Kloster Mor Gabriel (aus dem 4. Jahrhundert), wo ich zusammen mit drei Einheimischen eine Führung durch die altehrwürdigen Räume und Bogengänge erhielt.

Auf dem Weg zum Bahnhof von Nusaybin, dicht am Grenzübergang zum syrischen Nachbarort Qamischle vorbei, sah ich erneut Grenzschutzanlagen mit Stacheldrahtzäunen und Wachtürmen. Qamischle war früher Bahnstation für die Züge der Bagdadbahn gewesen - wie Nusaybin zum Besuchszeitpunkt (2010) auch noch; Personenzüge zwischen beiden Stationen gab es seit Jahren nicht mehr.

Im Bahnhof von Nusaybin an der Bagdad-Bahnstrecke

Kurz vor Abfahrt des heutigen gemischten Zugs - hinter den drei Personenwagen hingen etwa 30 Güterwaggons - nach Gaziantep stiegen sechs Soldaten zur Bahnbewachung ein. Die Fahrt begann kurz nach 14 Uhr, auf den Gleisen der einstigen Bagdadbahn, direkt entlang der stacheldrahtbewehrten Grenze zu Syrien. Etwa jeden Kilometer sah man einen (häufig unbesetzten) Wachturm. Ich hatte die Weisung bekommen, nicht zu fotografieren, was ich natürlich nicht immer befolgte. In meinem Waggon waren außer ganz wenigen Fahrgästen ja nur zwei nicht sehr wachsame Soldaten. Überhaupt hatte es mehr Bahnpersonal als Passagiere im Zug.

Es war ein gutes Gefühl, abends auf den Gleisen der alten Bagdadbahn unterwegs zu sein und die wenigen, nur schwach beleuchteten Bahnhöfe sehen zu können: Ceylanpinar, Akcakale, Mürsitpinar...

Die vom Personal befürchteten Steinewerfer traten nicht in Aktion; ein Waggonfenster hatte aber ein großes Loch, sicherlich von einem Stein herrührend. Zwischendurch aß ich die mir vom Gastwirt in Nusaybin eingepackte Brotzeit. Der Zug fuhr fast die ganze Nacht hindurch, auch über den Zab-Fluss. Zuletzt überquerte er bei Karkamis den Euphrat. Etwa um 3.30 Uhr in der Früh kam er in Gaziantep an, wo ich sogar von einem Fahrer meines Hotels abgeholt wurde. Das war gleichzeitig das Ende meiner erlebnisreichen Fahrt in den Nordirak und ein Stück weit auf der Bagdadbahnstrecke durch Türkisch-Kurdistan.

Pilgerfahrt übers Rote Meer zum Sinai
Das St. Katharinenkloster am Mosesberg

Es war eine recht lange Reise gewesen, die mich von München auf dem Land- und Seeweg zum St. Katharinenkloster auf der ägyptischen Sinai-Halbinsel geführt hatte. Und es war keine Anreise auf direktem Weg, sondern eine Fahrt über eine ganze Reihe von Ländern: Österreich, Italien, Griechenland und Türkei bis in den Irak, in das kurdische Autonomiegebiet mit der Hauptstadt Erbil. Danach gings erstmal zurück, wiederum durch die Türkei und von dort nach Syrien und Libanon sowie schließlich nach Jordanien. Hier, in der alten Nabatäerstadt Petra, begann meine eigentliche Pilgerfahrt, die ich nun kurz beschreiben möchte. Ich fand, dass dies der geeignete Ausgangspunkt für den folgenden wichtigen Reiseabschnitt zum Sinai war.

Anfang Dezember 2010 hieß es früh aufstehen in der kleinen Ortschaft, im Süden Jordaniens, denn bereits kurz nach 7 Uhr fuhr ein Minibus zum Eingang der Petra-Schlucht. Dem Alten Testament zufolge hat Moses hier, beim Auszug des Volkes Israel aus Ägypten, mit einem Schlag seines Stabes an das Gestein Quellwasser heraussprudeln lassen; seitdem trägt dieser Ort den biblischen Namen Moses-Quelle und die Gegend heißt Wadi Musa (Moses-Tal).

Der jordanische König Hussein und sein Thronfolger

Der Zugang zur Hauptsehenswürdigkeit Petras, dem Schatzhaus, erfolgte durch eine enge, hohe und fast zwei Kilometer lange Schlucht, die direkt auf das aus dem Fels herausgehauene, 40 m in die Höhe ragende Bauwerk zugeht. Dieses soll früher ein Felsengrab gewesen sein. Am frühen Morgen waren noch nicht viele Besucher da; der Platz vor dem Schatzhaus füllte sich erst gegen 9 Uhr, als dieses eindrucksvoll von der Sonne angeleuchtet wurde. Bald dahinter öffnete sich die Schlucht zu einem breiten Tal mit weiteren Kulturstätten der Nabatäer, darunter ein Theater sowie ein Felsentempel, auch als Kloster bezeichnet und oben am Berg gelegen.

Nach dem Besuch dieser teils schon in der Bibel erwähnten historischen Stätten musste ich eine Möglichkeit zur Weiterfahrt in Richtung Aqaba am Roten Meer suchen. Dorthin schienen kaum öffentliche Verkehrsmittel unterwegs zu sein, weder ab Petra noch Maan. Es blieb nur ein Taxi um weiterzukommen, der Fahrpreis war Verhandlungssache. Ich wurde mit einem Taxler handelseinig, der mich einigermaßen günstig an den Golf von Aqaba brachte; auf dem Weg waren viele Polizei- bzw. Militärkontrollen zu passieren. Er vermittelte mir auch noch ein Stadttaxi.

Das Schatzhaus in der Petra-Schlucht / Jordanien

Mit diesem fuhr ich zunächst zur Fährgesellschaft, für deren Nachtschiff ich ein Ticket brauchte, zum

Übersetzen nach Nuweiba auf der ägyptischen Sinai-Halbinsel (für 60 Euro). Die Fähre würde erst gegen Mitternacht ablegen; bis dahin verbrachte ich die Zeit in der Stadt und im Restaurant Ali Baba, wo es auch im Freien noch angenehm mild war. Während meiner Stadtbesichtigung hatte ein Kellner gegen Bakschisch auf meine Reisetasche geachtet. Aqaba, besonders sein Zentrum und der nächtliche Strand, machten einen weltoffenen Eindruck.

Der Taxler vom Nachmittag brachte mich spätabends zum Hafen, wo bereits Hunderte von Passagieren mit jeder Menge Gepäck auf die Abfertigung warteten. Mit Hilfe eines freundlichen Beamten passierte ich die Schalter für den Geldwechsel, die Grenzpolizei, den Zoll und die Ausreisegebühr. Zum Schiff namens Shehrazade fuhren Pendelbusse. Dort angekommen, kaufte ich, zusätzlich zur einfachen Fahrkarte, einen Kabinenplatz 1. Klasse für weitere 20 Euro. Sonst hätte ich am Boden eines der Decks, wie die meisten Leute, übernachten müssen.

Gegen 1 Uhr nachts legte die Fähre in Jordanien ab und sechs Stunden später kam sie in Ägypten an. Über das verqualmte Lkw-Deck konnte ich an Land gehen. Busse brachten die zahlreichen Fahrgäste zur Zollabfertigung; danach gings zur Imigrationskasse für die Visumsgebühr (15 Euro) und sodann zur

Einreisestelle. Mit dem frischen Stempel im Pass ließ ich mich zu einem Frühstücks-Café in Nuweiba bringen. Die schlechte Nachricht erfuhr ich auf Nachfrage sogleich: zum Mosesberg bzw. dem St. Katharinenkloster fuhren keine Busse, nur Taxis! Na toll, aber immerhin konnte mir der Wirt im Café weiterhelfen.

Zunächst versorgte er mich mit einem ordentlichen Frühstück, das aus Fritten mit Spiegeleiern und Gemüse bestand, dazu Kaffee. Dann telefonierte er mit einem Bekannten, der mich zu einem günstigeren als dem üblichen Preis zu meinem Zielort bringen wollte. Vielleicht war dies kein reguläres Taxi, machte aber nix. Unterwegs kontrollierte wiederum viel Polizei und Militär die Fahrzeuge, aber wenn es unserer Sicherheit diente, warum nicht? Als es bei Dahab von der Küste des Roten Meeres wegging, wurde die Landschaft gebirgiger und schöner, die Straße besser. Sodann bogen wir zum St. Katharinenkloster ab. Gegen Aufpreis wollte mein Fahrer warten, bis ich das Kloster besichtigt hatte; er würde mich anschließend zu einem Hotel bringen, nett von ihm.

Nun war ich glücklicherweise an meinem Etappenziel angelangt, ich musste nur noch ins Kloster hineinkommen. Mir wurde als erstes erklärt, dass heute nur Gruppen eingelassen würden, keine Einzelpersonen! Ich habe nicht lang rumgemacht und mich einfach einer Besuchergruppe angeschlossen, die mich nicht weiter beachtete. Ein Gruppenmitglied sprach französisch, und er fand das gut, wie ich das machte - na dann!

Das St. Katharinenkloster am Mosesberg / Sinai

Eine kleine Kirche war hier schon im 4. Jh. im Auftrag von Helena, der Mutter Kaiser Konstantins, erbaut worden. Das Kloster wurde etwa hundert Jahre später gegründet und erhielt seinen Namen von der Hl. Katharina aus Alexandria. Es wurde mit einer hohen Mauer umgeben, innerhalb derer sich die Klosterbasilika und eine berühmte Bibliothek mit Jahrtausende alten Schriften in teils seltenen Sprachen befinden, einschließlich eines uralten Bibeltextes. Auch der Ort des "brennenden Dornbuschs" war hier zu sehen. Für die Besteigung des Mosesberges (Berg Sinai) mit 2285 m Höhe, über mehr als 3400 Stufen erreichbar, war ich nicht gerüstet. Dem Alten Testament der Bibel zufolge hat Moses auf dem Berggipfel die zehn Gebote verkündet bekommen, während er dort 40 Tage verweilt hatte. Dieses Ereignis macht den Ort und das Kloster seit vielen Jahrhunderten zum Ziel meist christlicher Pilger.

Mein Fahrer hatte tatsächlich auf mich gewartet und brachte mich in der nahegelegenen Ortschaft St. Catherine zum Beduin-Camp, einer recht angenehmen Unterkunft. Am folgenden Tag konnte ich mit einem Bus über Suez nach Kairo weiterreisen, später von Alexandria aus per Fährschiff nach Venedig und von dort mit der Bahn, kurz vor Weihnachten, nach München.

Vor Weihnachten ins Heilige Land
Nach Jerusalem, Bethlehem und Nazareth

Meine vorweihnachtliche Orientreise führte mich, zusammen mit einem Kollegen und einem ziemlich alten Auto, über den Balkan und die Türkei, ins Morgenland. In Syrien wollten wir den Pkw meistbietend verkaufen. Die orientalischen Handelssitten waren uns nicht geläufig, so dass wir für das Geschäft einige Tage brauchten - und zwischendurch unser Glück auch mal im benachbarten Libanon versuchten, wo im Dezember 1977 gerade eine Feuerpause im Bürgerkrieg bestand. Letzten Endes verkauften wir das Gefährt an einen libanesischen Taxiunternehmer. Vor dem notariellen Vertragsschluss musste der Käufer noch den Einfuhrzoll bezahlen, und wir erhielten den vereinbarten Preis sowie eine Taxirückfahrt nach Damaskus. Von dort flog mein Kollege heim nach München, während meine Fahrt über Jordanien nach Israel weitergehen sollte.

In Amman erhielt ich nach tagelangem Warten eine Besuchserlaubnis für die Einreise ins Westjordanland und damit nach Israel. Ein Sammeltaxi brachte mich von Amman ins Jordantal hinunter. Es beförderte seine Fahrgäste im Eiltempo in die Nähe der Allenby-Brücke, die über den Jordan führt; der Fluss bildet die Grenze zwischen Jordanien und Israel bzw. den

Palästinensergebieten. Hier wartete bereits ein Omnibus mit laufendem Motor; er bot die letzte Möglichkeit, gerade noch vor dem dreitägigen Wochenende ins Heilige Land zu gelangen.

Betende Juden an der Klagemauer in Jerusalem

Nach zeitaufwendiger Einreiseprozedur fuhr ich, wiederum im Taxi, nach Jericho, nahe am Toten Meer und eine der ältesten Städte der Welt. Posaunenschall soll einmal ihre Mauern zum Einsturz gebracht haben. Nach einer kurzen Besichtigung gings 40 km hinauf nach Jerusalem, der Hauptstadt Israels, wo ich in der Nähe des Damaskus-Tors am Eingang zur Altstadt in einem Hotel unterkam. Jerusalem liegt etwa 1200 m höher als das Tote Meer, während Jericho sich 250 m unter dem Meeresspiegel befindet. Aufgrund seiner

Lage war es dort feuchtheiß, während oben in Jerusalem im Winter schon mal Schnee fallen konnte.

Jerusalem beherbergt für Juden, Christen und Moslems wichtige Heiligtümer, so etwa die vom einstmaligen jüdischen Herodes-Tempel übrig gebliebene Klagemauer, den Felsendom mit der goldenen Kuppel und die Al-Aqsa-Moschee. Jesus feierte in der Karwoche in Jerusalem seinen triumphalen Einzug und das letzte Abendmahl. An der Via Dolorosa, dem Kreuzweg Jesu, hatten inzwischen Souvenirhändler ihre Läden; eine kleine holzgeschnitzte Krippe bekam mit mir einen neuen Besitzer. Am nahegelegenen, aus der Bibel bekannten Ölberg, machte ich Bekanntschaft mit dem früheren Hauptverkehrsmittel in Nahost, einem Kamel. Nach einem Proberitt fühlte ich mich allerdings zu Fuß wohler.

In Reichweite von Jerusalem, nur 10 km entfernt, liegt eine kleine Stadt mit großer Berühmtheit: Bethlehem, der Geburtsort Jesu, wo die christliche Religion ihren Anfang genommen hat. Der Ort wurde zu einer Pilgerstätte für Menschen aus der ganzen Welt. Die dortige Geburtskirche ist eine der ältesten Kirchen überhaupt und stammt aus dem 4. Jh.; sie erinnert mit ihrer Grotte und einem silbernen Stern an die Geburt Jesu. Bethlehem ist ebenso der Geburtsort des legendären Königs David und liegt auf Palästinensergebiet im Westjordanland. Zu meiner Reisezeit konnte man problemlos von Jerusalem nach Bethlehem gelangen.

In Bethlehem, der Stadt Davids

Nach meinem Besuch der beiden wichtigsten biblischen Stätten machte ich mich auf nach Nazareth in Galiläa, im Norden Israels. Dort lebte Josef, der vor Jesu Geburt mit Maria nach Judäa in die Stadt Davids ziehen musste, um sich dort aufgrund eines Befehls des römischen Kaisers Augustus im Rahmen einer Volkszählung registrieren zu lassen (so das Lukas-Evangelium). Die Reise dauerte mehrere Tage. Das damalige Bethlehem war wegen dieses Ereignisses voller Gäste, so dass Josef und Maria keine Herberge fanden; Jesus kam deshalb in einem Stall zur Welt. Hier bekam er auch Besuch durch die Heiligen Drei Könige, Sterndeuter aus dem Morgenland.

Die Altstadt von Jerusalem im Morgenlicht

Jesus verbrachte seine Jugend in Nazareth. Der Ort hat eine lange christliche Tradition als Heimatort Jesu. Nazareth ist auch der Verkündungsort seiner Geburt durch den Erzengel Gabriel. Ich habe seinerzeit die dortige Verkündungsbasilika, die eine wichtige christliche Pilgerstätte ist, ebenfalls besucht. In der Altstadt mit ihren engen Gassen gab es einen lebhaften Markt; Händler trieben ihre beladenen Esel durch den Basar.

Der See Genezareth war auch damals ein Ziel christlicher Reisender; in Tiberias an seinem Westufer war ich und habe hier auch übernachtet. Der See liegt etwa 200 m unter dem Meeresspiegel. Im Norden hat er einen Zufluss durch den Jordan, der im Süden zum Toten Meer wieder abfließt. In der Nähe des Sees hielt Jesus seine berühmte, aus der Bibel bekannte Bergpredigt. Aus Kapharnaum an seinem Ufer stammten mehrere seiner Apostel: Petrus, Johannes, Matthäus und Jakobus.

Insbesondere Jerusalem, Bethlehem und Nazareth, die ich kurz vor Weihnachten 1977 besuchen konnte, sind für Christen von überall her bedeutende Wallfahrtsorte. So war unser alter Dorfpfarrer, der auch einmal hier gewesen ist, sehr erfreut, als er von mir eine schöne Postkarte aus dem Heiligen Land erhielt. Ich machte mich, nach weiteren Abstechern ins Umland der erwähnten biblischen Stätten, schließlich von Tel Aviv aus per Flugzeug auf den Heimweg, um an Weihnachten wieder zu Hause zu sein.

Osteuropa

Auf russischer Breitspur in die Ukraine
Mit der Bahn nach Odessa, Lemberg und Kiew

Meine erste Fahrt in die Ukraine nach Kiew fiel eher zufällig auf den Frühsommer 2004 - und damit in die Zeit nach der dortigen "Orangenen Revolution". Ich übernachtete im 6. Stock des Hotel Ukrajina, mit bestem Ausblick auf den Majdan, den inzwischen berühmt gewordenen Unabhängigkeitsplatz, dessen Bedeutung seit der Revolution jedem politisch interessierten Betrachter bewusst war.

Der berühmte Unabhängigkeitsplatz in Kiew

Im Tisza-Express, von Budapest über Chop mit Kurswagen nach Kiew, hatte ich einen englischsprachigen Ukrainer getroffen, der sehr um mein Wohl hier im Land besorgt war. Als er etwa zwei Stunden vor

Kiew ausstieg, hatte er zuvor mit einem dortigen Freund telefoniert. Dieser würde mich am Hbf. abholen und zu meinem Hotel bringen. So war es dann auch, obwohl ich diesen zuvorkommenden, aber überbesorgten Dienst zunächst ablehnen wollte. Der Freund erkannte mich am Mitführen einer bestimmten Zeitung und begleitete mich bis zur Rezeption des Hotels Ukrajina. Danach ließ ich mich von der Majdan-Atmosphäre anstecken. Die Leute waren sehr euphorisch und hatten offenbar allen Grund zum Feiern...

Halt an der Strecke Lemberg - Kiew

Nach dem Besuch der Deutschen Botschaft und Erledigungen in einer Anwaltskanzlei mit teils deutsch sprechendem Personal fuhr ich in einer der folgenden

Nächte im Schlafwagen weiter in Richtung Moskau. Zuvor gab es ein Abendessen im Zugrestaurant - mit Borschtsch, Bier und Wodka. Später gings nach Moskau, danach über St. Petersburg nach Helsinki und Riga - und vom dortigen Fährhafen über die Ostsee nach Lübeck. Eine gelungene Bahnrundreise durch Osteuropa mit vielen wertvollen, wenn auch flüchtigen Eindrücken vom dortigen (Bahn-)Alltag.

Beim nächsten Ukraine-Besuch 2009 in Odessa befand sich das Land gerade im Gasstreit mit Russland. Anlässlich der Einreise über die Slowakei bei Chop musste der gesamte Zug mechanisch auf (früher russische, nun) ukrainische Breitspurgleise umgesetzt werden. Außer etwas Adventsstimmung auf dem Kunst- und Krempelmarkt neben dem National-museum war wenig los in Lemberg. Einige Giebel hoher Häuser in der Stadt waren jedoch großflächig mit Timoschenkos Konterfei bemalt. 2004 hatte sie noch die Orangene Revolution angeführt, später wurde sie aufgrund mit Russland abgeschlossener Gasverträge als Regierungschefin wegen Amtsmissbrauchs zu mehrjähriger Haft verurteilt (aus der sie 2014 wieder freikam). Lichtblicke in diesen eher düsteren Zeiten waren die oft guten Erfolge ukrainischer Sängerinnen beim European Song Contest.

Das Zweierabteil im Nachtzug nach Odessa war für hiesige Verhältnisse luxuriös: Einzelbelegung, Fernseher, WC, tolle Bett- und Kissenbezüge samt Vorhängen, Frühstückstee. Bei Ankunft in der Hafenstadt am Meer - nach zwölfstündiger Fahrt - lag morgens um 8 Uhr das wuchtige Bahnhofsgebäude mit seiner großen Kuppel noch im Nebel. In einem Seitentrakt gab es im ersten Stock ein einfaches Hotel mit Blick auf Züge und Gleise. Am Empfang verstand man allerdings nix außer Ukrainisch und Russisch; mein offenbar exotisch klingender Name im Pass löste hingegen ein Lachen bei den Damen aus.

In Odessa war selbst um diese Jahreszeit das charakteristische Flair einer Metropole am Schwarzen Meer überall zu spüren - sowohl an der riesigen Potemkinschen Treppe zum Fährhafen hinunter, als auch am weltberühmten Opernhaus und in den breiten innerstädtischen Alleen. Oder vor und in den orthodoxen Kirchen mit ihren vergoldeten Kuppeln, wie etwa gegenüber dem Hauptbahnhof. Die Tram Nr. 5 fuhr zur südlichen Endstation bis fast ans Meer, zum Badestrand Arkadia. In die andere Richtung gings zum Busbahnhof neben dem Abfahrtsplatz für Überlandtaxis - nach Tiraspol und Chisinau!

Dort bestieg ich ein wartendes Sammeltaxi, das sich auf den Weg machte, um Tiraspol, die Hauptstadt der nur von Russland anerkannten Republik Transnistrien, zu erreichen. An der transnistrischen Grenze bestand ein praktisch rechtsfreier Raum, der hauptsächlich zum Schmuggeln und für andere dunkle Geschäfte genutzt wurde. Ausländische Touristen wie ich wurden bei der Einreise gnadenlos abkassiert.

Hauptbahnhof von Lemberg / Lviv

Am Bahnhofsplatz der Hauptstadt Tiraspol vermittelte mir ein Taxler immerhin einen Sitzplatz im Minibus nach Chisinau, der Hauptstadt Moldawiens. Von dort ging ein Direktzug mit mir an Bord in rund 14 Stunden nach Bukarest.

Eine weitere Osteuropa-Rundreise führte mich im Sommer 2011 über Prag, Breslau und Krakau wiederum nach Lemberg/Lviv - die Rückfahrt sodann über Minsk, Vilnius und Warschau zurück zum Ausgangspunkt. Die Innenstadt von Lemberg mit der prächtigen Oper hatte sich den Charme der österreichisch-ungarischen Monarchiezeit einigermaßen bewahren können. Auf dem sonntäglichen Stadtrundgang gelangte man zu einem Bücher-Flohmarkt, wo es außer vielen kyrillischen auch ein paar deutsche Schmöker zu kaufen gab. Die Kirchen am Weg waren so gut besucht, dass die Gläubigen noch draußen auf den Vorplätzen standen. Eine Blasmusikkapelle bot ein Platzkonzert, und in der Nähe der Gheorghe-Kirche spielte eine Jazzband. Diesmal war ungemein viel los in Lemberg. Am Abend begann die 13stündige Fahrt nach Minsk in Weißrussland. Auch hier kam man sich dank unverständlicher Sprache und Schrift wie in der Ukraine als Analphabet vor. Aber das kannte man ja schon...

Im Herbst 2014 gings erneut in die Ukraine, diesmal von Bukarest aus bei Galati mit der Fähre über die Donau - und dann per Taxi zum moldawischen Grenzposten bei Giurgiulesti. Ein Privatauto nahm uns mit nach Izmail in der Ukraine. Da kein Anschlusszug nach Odessa verkehrte, mussten wir auf der Straße vollends hinreisen. In der ukrainischen Metropole am

Schwarzen Meer verbrachten wir die Nächte im "Haus der Kirche St. Paul", wo eine deutschsprachige Sekretärin arbeitete. Mit ihrer Unterstützung organisierten wir u.a. Besuche im Bayerischen Haus sowie außerhalb von Odessa in früheren deutschen Siedlungen wie Lustdorf, Klein- und Großliebental sowie weiteren Ortschaften.

Vor der Rückfahrt aus Odessa nach Izmail

Anfang des Jahres war Präsident Janukowitsch nach Russland geflohen, die Opposition hatte nach riesigen Demonstrationen am Majdan die Macht übernommen. Poroschenko wurde zum neuen Präsidenten gewählt. Am letzten Aufenthaltstag in Odessa fuhren wir - endlich wieder mit der Eisenbahn - nach Izmail zurück.

Im Nachbarabteil saßen Gustav und Wolfgang, zwei Ukrainedeutsche, und redeten in ihrer Muttersprache miteinander, und bald auch mit uns. Am Bahnhof von Izmail wurden wir von Gustavs Fahrer abgeholt und ins Hotel Old Town gebracht.

Vor der Verabschiedung erteilte Wolfgang dem Hotelier noch einige Weisungen, wie morgen unsere Weiterreise zu organisieren sei. Tags darauf funktionierte alles prächtig: Vom Taxi bis zum Grenzübergang nach Rumänien und dem Bahnanschluss nach Bukarest. Unser Ukraine-Besuch hatte damit einen recht freundlichen Abschluss gefunden.

Sehr bedauerlich war, dass nur wenige Jahre später Russland einen Krieg gegen die Ukraine vom Zaum brach und eine Reihe von großen Städten verwüstete. Nur gut, dass das schöne Land noch vor der Invasion mehrfach besucht werden konnte und man somit in der Lage war, sich wenigstens einen kleinen Einblick in diese Weltgegend zu verschaffen. Um nicht wie ein wirklicher Kenner des Landes sagen zu müssen: "Ich würde alle, die sich gegenwärtig über die Ukraine auslassen fragen, was sie von diesem Land wissen. Ich wette, so gut wie nichts..."

Die Unbekannte in Osteuropa
Minsk - Hauptstadt von Belarus

Wie kommt man auf die Idee, eine Reise nach Weißrussland zu unternehmen, dessen Präsident in der Vergangenheit wenig einladende Schlagzeilen für sein Land gemacht hatte? Wir wollten auf eine Osteuropa-Rundreise gehen, die eben auch Belarus einschloss, weil wir bisher dort noch nie gewesen waren. Da wir, Ingrid und ich, mit der Bahn unterwegs waren, sollte die Hauptstadt Minsk ein wichtiger Besuchsort auf unserer Fahrt sein. Schon die Anreise war recht abwechslungsreich.

Wir kamen 2011 von München über Prag zunächst nach Breslau, wo wir das damals neu errichtete Eisenbahn-Denkmal "Train to Heaven", eine zum Himmel aufragende Original-Dampflok auf Schienen, unbedingt besichtigen wollten - es war echt beeindruckend! Auf der Weiterfahrt überquerten wir, nach Aufenthalten in den schlesischen Städten Oppeln und Krakau, bei Przemysl die polnisch-ukrainische Grenze. Die dort erforderliche Umspurung auf russische Breitspurgleise dauerte mehrere Stunden.

Erst nach Mitternacht lief unser Zug (auf seinem Weg nach Kiew) nach fast zwölfstündiger Fahrtdauer im ukrainischen Lemberg/Lviv ein. Der alte Hauptbahnhof sah nachts prächtig aus; es herrschte allerdings, auch tagsüber, wenig Schienenverkehr, nur ein paar Züge hatten Belgrad, Budapest oder Moskau als Ziel. Dafür rumpelte eine uralte Straßenbahn auf vermutlich noch älteren Schienen ins Stadtzentrum, zur Kathedrale und zur Oper, immer nah am Entgleisen. (Mehr über Lemberg s. bei meinem ersten Besuch 2004).

Der stattliche Hauptbahnhof von Minsk

Wiederum sehr spät, gegen Mitternacht, verließen wir Lemberg im Nachtzug in Richtung St. Petersburg - mit uns als Passagieren aber nur bis Minsk. Die Fahrkarten dorthin konnten wir erst in Lemberg erwerben, das weißrussische Visum war indes schon in Deutschland zu beantragen gewesen, unter Beachtung einiger

Bedingungen wie Einladung durch eine staatlich anerkannte Reiseagentur und Vorabbezahlung der gebuchten Hotelübernachtungen. Immerhin konnte das Viererabteil zu zweit (von uns allein) belegt werden. Die Ausreise aus der Ukraine und die Einreiseformalitäten nach Belarus bei Goryn dauerten erneut Stunden. Trotz vorliegender Auslandskrankenversicherung musste eine solche extra abgeschlossen werden. Später gelangten wir auf die Bahntransitstrecke Berlin - Moskau und erreichten um die Mittagszeit Minsk, die Hauptstadt von Weissrussland.

Minsk ist kein Touristenmagnet; die meisten per Bahn nach Moskau Reisenden belassen es anscheinend bei einem Transitvisum ohne Aufenthalt in der weißrussischen Metropole. Das Unbekannte an ihr reizte uns jedoch besonders zu einem Besuch. Der Hauptbahnhof liegt im großzügig gestalteten Zentrum, er machte einen modernen Eindruck, und man konnte sich gut ein paar Stunden darin aufhalten, etwa in seinem Café oder in der Bierbar.

Problematisch waren jedoch die fremde Sprache und Schrift. Wer etwa des verwandten Russischen nicht mächtig war, kam sich wie ein Analphabet vor: nichts lesen, nichts reden oder verstehen können; Englisch konnte kaum jemand. Da war es sehr vorteilhaft, dass uns Olga als Stadtführerin empfohlen worden war. Sie sprach deutsch und holte uns im Hotel ab. Zunächst waren wir im Omnibus, dann im Taxi und schließlich auch zu Fuß zum Besichtigen unterwegs. Olga als Pfarrerin zeigte uns natürlich erst die schönen, meist orthodoxen Kirchen, die es in der Stadt gibt, insbesondere die erzbischöfliche Kathedrale.

Die Stadtführerin Olga in ihrem Martin-Luther-Museum

Wichtig war ihr und uns selbstverständlich auch das bescheidene Gotteshaus ihrer evangelisch-lutherischen Kirchengemeinde. Diesem angeschlossen war ein recht informativ gestaltetes, kleines Martin-Luther-Museum. Uns als Bahnreisenden zeigte sie gern auch das relativ unbekannte Eisenbahnmuseum, ebenso das Goethe-Institut mit deutschem Lesesaal.

Eine Stadtrundfahrt mit öffentlichen Omnibussen führte in Vorortbezirke mit ihren typischen, farbig gestrichenen Häuschen und Vorgärten. Zum Essen waren wir in einheimischen Lokalen mit landesüblichen Spezialitäten; die Speisekarte wäre für uns ohne Olga ein Buch mit sieben Siegeln gewesen.

Nur schade, dass Olga bei unserer Abreise am Bahnhof nicht dabei war. Wir benötigten mehrere (vergebliche) Anläufe zu Zugabfahrten, bis wir endlich das richtige Gleis zum richtigen Zeitpunkt erreichten, ohne Platzkarten. Die kyrillischen Zuganzeigen und verwirrenden Bahnsteigbenennungen hatten das ihrige zum Durcheinander beigetragen. Bald nach dem Überqueren der weissrussischen Landesgrenze erreichten wir die litauische Hauptstadt Vilnius mit ihrem Weltkulturerbe, der barocken Altstadt. Auch hier gab es ein Bahnmuseum, ebenso wie in Warschau, das wir auf der Heimfahrt besuchten. Mit dem Berlin-Warschau-Express ging es dann ohne weitere Sprachverwirrungen über die deutsche Hauptstadt nach München zurück.

Eine lange Pilgerfahrt
Auf Umwegen nach Medjugorje in Bosnien

Eigentlich könnte doch jeder einmal auf Pilgerreise gehen, ob er fromm ist oder nicht. Ein Wallfahrtsziel findet sich immer; ein Pilgerort kann aber auch mehr oder weniger zufällig am Weg liegen. Dann kann man seine Fahrt unterbrechen und sich an dem religiösen Ort von dessen Atmosphäre und der Frömmigkeit der Pilger vielleicht etwas anstecken lassen und etwa bei einem Gottesdienst, einer Lichterprozession oder stimmungsvollen Liedern und Chorgesängen auch ein bißchen Besinnung zulassen.

Als ich kurz nach Ostern 2012 "durch die Schluchten des Balkan", um mit Karl May zu sprechen, auf Fahrt ging, wußte ich noch nicht genau, wo diese mich überall hinführen würde. Ich wollte aber jedenfalls über Österreich, Ungarn, Serbien, Kosovo und Mazedonien nach Albanien und an die Adria gelangen. Bereits auf diesem Weg kam ich zu schönen Kirchen und Kathedralen, etwa in Belgrad, Skopje, Ohrid und Shkodra, erst recht in den überwiegend christlichen Ländern Montenegro und Kroatien, entlang der Adriaküste. Im sich anschließenden, halb muslimischen Bosnien-Herzegowina, sah man weniger Kirchen und Kapellen. Aber genau dort, wo in Ploce die nordwärts führende Bahnstrecke nach Sarajevo und Zagreb beginnt, kommt man in der Nähe der bosnischen Stadt Mostar zu dem Marien-Wallfahrtsort Medjugorje.

Pfarrkirche St. Jakob in Medjugorje

Medjugorje, ungefähr eine Autostunde südwestlich von Mostar gelegen, besucht man am besten mit dem Omnibus. Seit 1981 pilgern alljährlich bis zu einer Million Menschen dorthin. Sie kommen überwiegend mit Bussen in den kleinen Ort (etwa 5000 Einwohner), besonders an Wochenenden und meist in Gruppen. Mein Direktbus aus Mostar fuhr zunächst durch das schöne Tal der Neretva und dann auf einer engen Ortsverbindungsstraße zum kleinen Busbahnhof von Medjugorje.

Zu Fuß erreichte ich, entlang der von Andenkenläden, Cafés und Restaurants gesäumten Hauptstraße, die Pfarrkirche St. Jakob. Sie wurde schon vor den Berichten über die Marienerscheinungen erbaut; auf dem großen Platz vor dem Außenaltar können tausende Gläubige an Gottesdiensten und Andachten teilnehmen.

Und warum kommen seitdem jedes Jahr Hunderttausende Menschen - überwiegend Pilger, aber auch Touristen und Neugierige - hierher? In einem Faltblatt des offiziellen Informationsbüros von Medjugorje war über "Die Erscheinungen der Muttergottes" zu lesen, dass diese sich zum ersten Mal am 24. Juni 1981 ereignet hätten. Damals habe sich Maria sechs jungen Menschen auf dem Hügel Crnica in der Nähe der Ortschaft gezeigt und zu ihnen gesprochen. Dies habe sich an weiteren Tagen wiederholt, und die Jugendlichen hätten in der Erscheinung die Muttergottes erkannt. In ihrem Friedensaufruf soll sie gesagt haben, dass "zwischen Gott und den Menschen und unter den Menschen wieder Frieden herrschen soll". Diese Friedensbotschaft sollten die sechs Zeugen an ihre Pfarrei und die ganze Welt weitergeben. Millionen Gläubige haben die Botschaft seitdem vernommen.

Zu kommunistischen Zeiten wurden die Zeugen der Erscheinungen in Jugoslawien verfolgt und teils inhaftiert. Auch der Vatikan zeigte sich lange Zeit distanziert; erst vor einigen Jahren hat er sich näher und wohlwollender mit den Ereignissen in Medjugorje befasst. Unabhängig davon wurden Wallfahrten hierher von Christen aus aller Welt in ständig größerer Zahl unternommen.

Nach dem Besuch von Medjugorje kehrte ich nach Mostar zurück und überquerte dort die berühmte Steinbrücke "Stari most" über die Neretwa, die während des Bürgerkriegs 1991 zerstört und später (2004) mit internationaler Hilfe wieder aufgebaut worden war. Über Sarajevo und Zagreb kehrte ich sodann mit der Bahn nach München zurück - nach einer langen Reise durch Südosteuropa, die gegen Ende noch zu einer Pilgerfahrt geworden war.

Winterreise nach Prag
Wiedersehen mit der Goldenen Stadt

Prag stellt man sich Mitte Dezember nicht sehr gemütlich vor. Trotzdem stand die Stadt auf unserem diesjährigen Winterprogramm. Denn die Bahn mit ihrem Prag-Spezial-Ticket (für 71 Euro hin und zurück) machte schon seit Wochen Werbung für Zugfahrten mit dem Alex in die Goldene Stadt. Und Hotels in Bahnhofsnähe waren dort günstig zu reservieren. Tschechische Kronen sollte man ebenfalls teils vorab besorgen. Also konnte man Bahnticketkauf, Hotelbuchung und Geldwechsel flott erledigen. Nicht zu vergessen: die digitale Einreiseanmeldung gegenüber dem Gesundheitsministerium in Tschechien (wegen des dortigen Corona-Hochinzidenzgebiets).

Ein zeitlich günstiger Zug startete an einem Dienstag um 8.38 Uhr am Münchner Hauptbahnhof - mit lediglich einer Handvoll Fahrgästen im Großraumwagen. Vier Waggons des Eurocity liefen über Landshut, Regensburg und Schwandorf direkt nach Furth im Wald - und von dort ohne Grenzaufenthalt zur ersten tschechischen Bahnstation Domazlice (12 Uhr). Niemand kontrollierte die 3G-Regelung für Geimpfte. Im Zug ging ein Minibar-Wägelchen auf der tschechischen Teilstrecke durchs Abteil - mit Angeboten zu Minipreisen: eine Halbe Budweiser für 1,40 Euro! Draußen gabs wenig zu sehen, aber man hatte für die weiteren zweieinhalb Stunden bis Prag hl.n. (Hbf.), Ankunft um 14.25 Uhr, ja genügend Lesestoff dabei.

Prager Burg Hradschin mit Karlsbrücke und Moldau

Unser Prager Hotel lag nur zehn Minuten Fußweg vom Bahnhof entfernt, nicht viel weiter das Café Imperial, das als eines der schönsten in Prag gilt. Hier gabs, nach Vorlage des Impfpasses, tolle Torten, eine davon mit "Schwarzwald" bezeichnet. Das Innere des Lokals ist mit gekachelten Säulen und einer wunderschönen, hohen Decke ausgestattet. Weiter gings auf einen Spaziergang zum Platz der Republik mit vorweihnachtlicher Beleuchtung. Den frühen Abend verbrachten wir in einer gemütlichen Bierkneipe (Pivovar) bei Pilsner Urquell und einheimischem Essen sowie späterer Verabschiedung durch den freundlichen Wirt, der etwas Englisch konnte.

Das Frühstücksbuffet war einfach, aber zufriedenstellend und im Hotelpreis inbegriffen. Die Maskenpflicht wurde hier, wie überall in Prag, locker gehandhabt. Prag hat zwar ein gutes U-Bahnsystem, aber mit der Tram sieht man mehr von der Stadt, und die Straßenbahnen fahren in sehr kurzen Abständen. Wir kauften ein Tagesticket, das nur wenige Euro kostete. Und gleich wurde die 15er Tramway, wie sie dort heißt, ausprobiert - zu einer Fahrt mit Haltestelle möglichst nah an der Prager Burg, dem Hradschin.

Die letzten Höhenmeter mussten noch zu Fuß bis zur sog. Aussichtsrampe bewältigt werden. Der Blick vom Hradschin aus schweifte über die Metropole an der Moldau, mit ihren roten Altstadt-Ziegeldächern und der weit am Horizont sich eher bescheiden zeigenden Hochhaus-Skyline. Dazwischen immer wieder die zahlreichen Kirchtürme der verschiedenen Gotteshäuser. Der Eingang zur Burg wird von zwei schmuck uniformierten Soldaten bewacht. Drinnen freuen sich der Veitsdom und die Georgsbasilika auf Besucher. Das schmale Goldene Gässchen lädt zum Bummeln vorbei an den bunten Häuschen ein.

Von der Anhöhe hinter dem Hradschin fuhr wiederum eine Straßenbahn in die Altstadt hinunter, in die Nähe der berühmten Karlsbrücke, die als Fußweg über die

Moldau führt. Die vielen Steinfiguren lassen teilweise rätseln, wem ihre Darstellung gewidmet ist. Leicht zu erkennen sind natürlich der Hl. Christopherus mit dem Kind auf dem Arm und die Kreuzigungsgruppe. Maler wollten hier ihre Bilder verkaufen, und Bettler warteten auf Almosen.

Der Wenzelsplatz im Altstadtzentrum

Unsere Stadttour führte anschließend, natürlich zu Fuß, zum Altstädter Rathaus mit der über Prag hinaus bekannten Astronomischen Uhr, deren goldene Zeiger im Tageslicht leuchteten. Bald tauchte auch der schwarze Pulverturm auf. Inzwischen war ein erneuter Kaffeehaus-Besuch angezeigt. Apfelstrudel mit viel Vanillesoße sind hier sehr beliebt und schmecken entsprechend gut. Zum Wenzelsplatz ist es nur noch ein kurzes Stück Wegs. Auf dem Platz ist in diesem Jahr nur ein Mini-Weihnachtsmarkt gestattet, vielleicht 20 Händler haben ihre Stände mit Baumschmuck und Süßigkeiten, zu denen auch das traditionelle Gebäck "Trdelnik" mit Schokosoße gehört, aufgebaut.

Dichter Trambahnverkehr in Prag

Die große Buchhandlung Luxor an diesem Platz hat deutsche Literatur im Angebot, außerdem u.a. Kalender mit dem kleinen Prager Maulwurf "Krtek" drauf. Ein Kunstgewerbemuseum ist noch bis 19 Uhr offen und zeigt u.a. Handwerkskunst aus Stoff und Glas.

Nach einem weiteren Bummel durch die nun adventlich erleuchteten Straßen und Gassen gings u.a. zur Nikolauskirche - und schließlich zum großen, fast vollen Bierrestaurant Macarycka neben unserem

Hotel. Nach kurzem Warten taten sich zwei freie Plätze auf, und der restliche Abend war gerettet, bei einigen Pilsner Urquell in den dort klassischen Gläsern sowie einem guten Prager Essen. Der Wirt und die Kellnerinnen waren sehr freundlich, und das Herzeigen der Covid-Impfbestätigung war nur beiläufige Formsache.

Insgesamt ist ein vorweihnachtlicher Prag-Besuch die Fahrt dorthin wert. Es herrschte in diesem Winter kein Einkaufs- oder Touristentrubel, kaum ein Lokal war überfüllt. So konnten wir am dritten Tag nachmittags um 13.38 Uhr mit dem Alex Intercity, diesmal viel stärker besetzt, heimwärts fahren. Im Gegensatz zu Bayern war in Tschechien Essen und Trinken im Abteil erlaubt. Uniformierte machten nur (auf deutscher Seite) stichprobenartige Personenkontrollen. Am Donnerstagabend um 20.20 Uhr fuhr der Alex Nr. 354 wieder in den Münchner Hbf. ein. Jetzt fehlte nur noch eines: die Einreise-Anmeldung nach Ankunft in Deutschland!

Wo einst der Orient-Express fuhr
Über Budapest und Bukarest ans Schwarze Meer

Im September 2014 wollten wir zu zweit mal erkunden, wie man auf der ursprünglichen Strecke des Orient-Express mit normalen Linienzügen von München ans Schwarze Meer gelangen könnte. Er nahm vor knapp 140 Jahren seinen Dienst auf. Ab 1883 fuhr er die ersten fünf Jahre von Paris aus über Straßburg, München, Wien, Budapest und Bukarest nach Giurgiu / Rumänien. Dort mussten die Reisenden per Fähre die Donau nach Ruse überqueren. Anschließend gings im Regionalzug nach Varna weiter, und ab der bulgarischen Schwarzmeerküste per Schiff nach Konstantinopel. Erst ab 1888 verkehrte der klassische Orient-Express durchgehend von Paris über den Balkan in die - später Istanbul genannte - türkische Metropole.

So begann der "König der Züge" gegen Ende des 19. Jahrhunderts seine Laufbahn und bewegte sich majestätisch rund 75 Jahre lang als Direktzug quer durch Europa zum Bosporus. Selbst zwei Weltkriege hat er mehr oder weniger unbeschadet überdauert. Erst 1962 kam es zu erheblichen Betriebsänderungen und Verkehrseinschnitten. Die klassische Route nach Istanbul wurde bis 1977 beibehalten. Sodann wurde die Originalstrecke immer mehr verkürzt. Der letzte

Teilabschnitt, die fahrplanmäßige Nachtzugverbindung Straßburg - Wien des "Orient-Express", wurde schließlich 2009 eingestellt.

An einem rumänischen Bahnhof

Die ersten beiden Bahnetappen ab München sollten einigermaßen flott und bequem zurückgelegt werden, möglichst im Schlafwagen. Nach Budapest bot sich der allabendlich um 23.40 Uhr in München Hbf. abfahrende EN 463 hierfür geradezu an. Wir hatten zwei Liegen im Viererabteil gebucht. Freundlicherweise kamen keine weiteren Übernachtungsgäste hinzu, so dass der mitgebrachte Sekt besonders gut schmeckte. Ziemlich pünktlich erreichte der Nachtfernzug über Salzburg und Wien am nächsten

Morgen gegen 9 Uhr Budapest. Nun standen zehn Stunden für den Besuch der ungarischen Hauptstadt zur Verfügung.

Wenn man schon öfter in Budapest war, geht man gezielter auf neue Besichtigungstour. Klar, dass bei schönem Wetter immer ein Panoramablick von der südlichen Stadtseite auf die "schöne blaue Donau", das reizvolle Parlamentsgebäude und die tollen Brücken dazugehört. Bahnreisende interessieren sich natürlich auch für die - überwiegend gelben - Straßenbahnen aller Altersklassen, die entlang der Donau und anderswo dahinrattern.

Mit der Tram 16 gelangt man weit außerhalb des Zentrums in den Stadtteil, in dem der als Freilichtmuseum eingerichtete Eisenbahnpark Vasuttörteneli liegt. Dieser ist bestens gefüllt mit mindestens zwei Dutzend Dampflokomotiven überwiegend ungarischer Bauart, die außerhalb des Landes wohl eher selten zu sehen sind. Ein Lokschuppen mit Drehscheibe hat seine Tore geöffnet, aus denen buntgelackte Nachkriegsfahrzeuge der Staatsbahn MAV herausschauen.

Am Bf. Keleti Palyaudyar (abgekürzt: pu.) lässt es sich tagsüber gut aushalten, etwa in seinem Restaurant im K&K-Stil, wo der Oberkellner auch deutsch spricht.

Unser Nachtzug - der EN 473 nach Bukarest - verlässt Budapest bereits um 19.10 Uhr. Unerwarteterweise führt er sogar ein Bordrestaurant mit. Neben Ursus-Bier und verschiedenen Weinsorten werden zum Abendessen leckeres Grillfleisch und Salat serviert. Da hält man es gut und gern ein paar Stunden aus.

Orthodoxe Kathetrale in Bukarest

Um 22 Uhr ist in Bekescaba Passkontrolle zur Ausreise aus Ungarn; eine Stunde später sind an der rumänischen Grenzstation bei Oradea die Personaldokumente vorzuzeigen - harmlose Bahntouristen haben keinerlei Probleme. In Cluj-Napoca ist es noch Nacht, in Brasov (Kronstadt) bereits Vormittag. Ab hier steigt die Bahnstrecke an, denn es geht in die

Karpaten mit so bekannten Wintersport- und Wanderorten wie Sinaia, Predeal und Busteni. In dieser Gebirgsgegend soll der blutrünstige Graf Vlad, besser bekannt unter dem Namen Dracula, einst gelebt haben (und herumgegeistert sein). Der Bahnknotenpunkt Ploiesti ist die letzte Station vor Bukarests Gara de Nord, dem zentralen Hauptstadtbahnhof.

Varna am seinerzeitigen Ende der Orient-Express-Strecke

Auch Bukarest hat sein "Muzeul de Tren" - sein Eisenbahnmuseum. Es befindet sich in einem Seitenflügel des Gara de Nord, der ja ein Kopfbahnhof ist. Räumlich zwar etwas eingeschränkt, ist es aber umso liebevoller eingerichtet. Unser Interesse gilt natürlich zuvorderst einem kleinen, extra dem Orient-Express gewidmeten Raum. Dort hängen Bilder und Routen des berühmten Expresszugs, die anlässlich seines 100. Geburtstags im Jahr 1983 ausgestellt wurden und bis heute an dieses Jubiläum erinnern.

Die U-Bahn bringt uns in die Nähe von Ceauscescus Prachtbau aus dem letzten Jahrhundert, dem Parlamentsgebäude riesigen Ausmaßes, am Ende eines ebenso prächtigen Boulevards gelegen. Nach der Besichtigungstour gehts auf die Suche nach dem berühmten Bukarester Lokal namens "Café Orient Express". Nicht nur sein Name, auch seine mit Dampfzügen verzierte Getränkekarte und andere Illustrationen ziehen ein Publikum an, das der Expresszug-Nostalgie frönen will.

Die Hauptattraktion der Schluss-Strecke in Richtung Varna ist die Donauüberquerung an der rumänisch-bulgarischen Grenze. Der Zug fährt ganz langsam, die Brücke hält wohl nicht mehr viel aus - die Donau ist hier sehr breit. Bei der Ankunft in Varna ist es bereits Nacht, der Bahnhof ist nur schwach erleuchtet. Morgen gehts zu Fuß ans Schwarze Meer...

Nordamerika / Australien

Mit Amtrak durch den US-Mittelwesten
Im "Desert Wind" von Chicago nach Denver

Eisenbahnfahren ist in den USA immer noch etwas eher Ausgefallenes, denn Amerikaner nehmen in der Regel entweder das Auto oder das Flugzeug, wenn sie verreisen. Wer kein eigenes Kraftfahrzeug hat oder wem das Fliegen zu teuer ist, der fährt Bus. Der Kreis der möglichen Bahnbenutzer ist daher schon von vornherein relativ klein. Und er wird auch dadurch nicht gerade größer, dass der Fahrpreis vergleichsweise hoch ist, dass die Fahrtzeiten ziemlich lang sind und z.B. die großen Ost-West-Verbindungsstrecken nur einmal am Tag bedient werden.

Chicagos Hauptbahnhof, die Union Station

Man muss also schon gute Gründe haben, den Zug als Verkehrsmittel auszusuchen. Es sei denn, man ist eben ein Eisenbahnfan. Und als solche waren wir vor 30 Jahren durch die USA unterwegs.

Wir hatten mancherlei Gründe, mit dem "Wüstenwind" (Desert Wind), einem der Amtrak-Transkontinentalzüge, von Chicago nach Denver zu reisen. Es sollte keine anstrengende, sondern eine gemütliche Tour werden, auf der wir bequem, mit viel Ausblick und Bewegungsfreiheit eine größere Distanz zurücklegen wollten, ohne selbst fahren zu müssen. Dies und einiges andere gibt es eigentlich nur auf einer Bahnreise. Die einfache Strecke war seinerzeit in der Coach Class billiger als im Flugzeug: zudem spart man sich auf einer 16-Stunden-Fahrt eine Hotelübernachtung, und das Reisegepäck kann am Bahnhof ohne weiteres ein- und ausgecheckt werden wie am Flughafen. Aber bis es endlich soweit war und man in der Union Station von Chicago im gebuchten Zug am richtigen Platz saß - das war dann doch nicht ganz ohne.

Zunächst wird man im allgemeinen versuchen, Infos und Fahrscheine von Deutschland aus zu bekommen. Bei der Frankfurter Amtrak-Vertretung war jedoch weder per Telefon noch per Briefpost etwas zu erreichen - kein Durchkommen, keine Antwort. Ein sehr mäßiger Beginn! Aber Eisenbahnfans lassen sich nicht so leicht verdrießen - schließlich hatten wir ja noch einen hilfsbereiten Verwandten in Illinois, der es vor Ort erneut versuchen wollte. Er gab unumwunden zu, die letzten 40 Jahre nicht mehr mit der Bahngefahren zu sein, und auch in seiner großen Firma, über die er unsere Tickets bestellte, hatte keiner Erfahrung mit dem Zugfahren - dort werden nur Flüge geordert. Aber schließlich konnte er uns doch mitteilen, dass bei rechtzeitigem Vorbestellen bzw. Kaufen der Bahnfahrkarten ein Rabatt von etwa 20 % gewährt werde.

Ist man das Reisegepäck an der Union Station losgeworden und sind noch einige Stunden Zeit für eine Stadtbesichtigung übrig, dann bietet sich hierfür der nahegelegene Sears Tower als Ausgangspunkt an. Dieser riesige, inzwischen 50 Jahre alte Wolkenkratzer war damals mit 443 Metern Höhe das höchste Gebäude der Welt. Ein Rundblick vom 103. Stockwerk, das per Aufzug in Minutenschnelle zu erreichen ist, erübrigt fast die weitere Stadtrundfahrt. Außer dem Michigan-See und dem gewaltigen Häusermeer von Groß-Chicago (mit rund neun Millionen Einwohnern) ist insbesondere der Hauptbahnhof - die Union Station - als größter und wichtigster Eisenbahnknotenpunkt der USA von oben klar zu erkennen, wenn auch die

Züge aus dieser Perspektive eher wie Modelleisenbahnen aussehen.

Die Loks des Desert Wind beim Rangieren

In der Union Station starten immerhin zehn der bedeutendsten US-Landstreckenzüge nach Weste, Süden und Osten - u.a. mit Ziel Seattle, San Francisco, Los Angeles, Miami oder New York, und mit so wohlklingenden Bezeichnungen wie California Zephyr, Southwest Chief, Texas Eagle oder Broadway Limited.

Inzwischen ist es Nachmittag geworden, die Eile beim Besichtigen und Einsteigen ist vorüber, der Desert Wind setzt sich Richtung Rocky Mountains in Bewegung. Fast eine Stunde braucht er, bis die letzten Vororte Chicagos hinter ihm liegen; dann gewinnt er langsam an Fahrt. Angesichts der überwiegend recht alten, überholungsbedürftigen Gleise sind aber nur sehr mäßige Reisegeschwindigkeiten möglich, bis Denver ein Durchschnittstempo von kaum 100 km/h. Und das, obwohl diese rund 1600 km lange Strecke fast topfeben ist.

Der zweistöckige Zug auf dem Weg nach Denver

Die Landschaft ist beruhigend gleichförmig: Mais- und Weizenfelder lösen einander ab, dazwischen liegen grüne Viehweiden, Schafgehege und Pferdekoppeln; Einzelgehöfte und wenige kleine Ortschaften scheinen für den Mittelwesten kennzeichnen zu sein. Der größte Strom Nordamerikas, der Mississippi, wird ebenso überquert wie sein Zwillingsbruder, der Missouri.

Das silbermetallic glänzende Amtrak-Band, das sich da über Land schlängelt, macht fast nur in kaum gekannten Orten Halt; lediglich Omaha ist uns geläufig. Außer dem Bundesstaat Illinois, in dem Chicago liegt, werden Iowa und Nebraska durchfahren, um am Schluss nach Colorado zu gelangen.

Der Desert Wind wird, man glaubt es kaum, von drei Diesellokomotiven (mit je etwa 3000 PS) gezogen. Des guten etwas viel angesichts dieser flachen Landschaft ohne größere Steigungen, könnte man meinen. Ziemlich bald stellt sich aber heraus, dass bis Denver drei planmäßige Züge hinter diesen Lokomotiven hängen: außer dem Wüstenwind der California Zephyr und der Pioneer. Am Fuß der Rocky Mountains werden sie voneinander getrennt werden. Der Desert Wind ist auf dem Weg nach Los Angeles und wird später die Wüsten von Arizona, Nevada und Kalifornien durchqueren; der Pioneer ist nach Seattle in Oregon unterwegs, während der California Zephyr in Oakland bei San Francisco seinen Zielbahnhof hat.

Die zweistöckigen Superliner-Waggons sind komfortable Großraumwagen mit sehr weichen Sitzen, die nachts zum Liegen verwendet werden können; man hat viel Beinfreiheit. Erheblich bequemer ist es allerdings in den jeweiligen Schlafabteilen, von denen es mehrere Kategorien gibt - von Economy bis Deluxe, für kleine Geldbeutel und für dicke Portemonnaies. Gepflegt essen kann man im Restaurant des Dining Cars; Fast Food, Kaffee und andere Getränke gibt es im Caféraum des Lounge Cars, in dessen oberem Stockwerk ein Panorama-Abteil eingerichtet ist, mit freiem Blick auf die vorüberziehende Landschaft (oder auf den Fernseh-Bildschirm). In der unteren Etage der Superliner-Wagen befinden sich die Sanitär- und Personalräume sowie Gepäckablagen und Liegeabteile.

Kleiner Museumszug am Fuß der Rockie Mountains

Der Zug ist - für amerikanische Verhältnisse selbstverständlich - mit Aircondition ausgestattet. Da nachts die Klimaanlage aber eher kühlt als heizt, sind diejenigen Reisenden gut dran, die ein paar wärmere Sachen zum Anziehen dabeihaben.

Für Eisenbahnfans ist ein Ausflug ins nahegelegene Colorado Railroad Museum in Golden unabdingbar. Es ist überwiegend als Freilichtausstellung konzipiert, so dass auch Fotografen auf ihre Kosten kommen. Fast alles Loks und Wagen können bestiegen werden. Viele berühmte Namen aus der amerikanischen Eisenbahngeschichte sind hier vertreten: Denver & Rio Grande Western, Santa Fe, Colorado Midland, Baldwin und Burlington. Man kann sich kaum sattsehen an den legendären alten Stücken; ein Nachmittag ist viel zu kurz. Aber schließlich soll die Fahrt ja weitergehen - zu den schönsten Museumsdampfeisenbahnen des Westens: Cumbres & Toltec Scenic Railroad, Durango & Silverton Schmalspurbahn, Grand Canyon Railway, Yosemite-Mountain Sugar Pine Railroad und schließlich nach Sacramento zum Staatlichen Kalifornischen Eisenbahnmuseum. Ein prall gefülltes Bahnprogramm...

Im "Chepe" durch die Kupferschlucht
Der einzige Personenzug in Mexiko

Die einzige Straßenverbindung nach Los Mochis, dem nah am Pazifik gelegenen Ausgangspunkt zu einer Bahnfahrt durch die Kupferschlucht (Barranca del Cobre), bot seinerzeit der Überlandbus: Am großen Busbahnhof von Tijuana an der US-Grenze begab man sich, aus Los Angeles kommend, auf die voraussichtlich knapp 20-stündige und mehr als 1400 km lange Fahrt.

Bei El Divisadero in 2250 m Höhe

Über Hermosillo und Ciudad Obregón folgte die Straße gelegentlich der Bahnstrecke nach Mazatlán, auf der aber nur noch Fracht befördert wurde. Da der Bus nach einer Nachtfahrt bereits am frühen Nachmittag in

Los Mochis eintraf, blieb genügend Zeit, um den ziemlich weit außerhalb des Zentrums befindlichen Ferromex-Bahnhof noch vor Sonnenuntergang aufzusuchen. Die "Estación del Ferrocarril", die man mit dem Stadtbus in einer knappen halben Stunde erreichte, war nicht gerade beeindruckend - ein ziemlich flacher Zweckbau.

Am Bahnsteig wurde gerade ein Sonderzug wegrangiert. Der Fahrkartenschalter war zwar geschlossen, aber in einem Büro nebenan gabs noch Fahrscheine. Es fuhren zwei Züge ins Hochland nach Chihuahua: Um 6 Uhr früh der "Chepe" (Primera Clase), die einfache Fahrt für 95 US-Dollar; um 7 Uhr startete der Zug zweiter Klasse, ohne numerierte Sitzplätze, zum halben Preis. Das Zugdepot war nur einige Minuten vom Bahnhof entfernt, sowohl hier als auch dort konnte ohne weiteres fotografiert werden - keine Selbstverständlichkeit, wie sich in Chihuahua noch zeigen sollte. Die Ferromex-Dieselloks waren in kräftigen Farben - rot oder blau - gehalten, die Personenwagen machten überwiegend einen guten Eindruck. Bei der mindestens 14-stündigen Fahrt durch den Kupfercanyon konnte etwas Komfort nicht schaden; 650 km durch die Sierra Madre waren ein weiter Weg.

Am nächsten Morgen um 5 Uhr früh gabs noch keine Busse zum Bahnhof - demzufolge langten die Taxifahrer ordentlich hin: 70 Pesos (rund 15 DM, 35 mal soviel wie für den Bus!).

Ein Zug wartet im Bahnhof Los Mochis

Ambulante Verkäufer kochten auf dem dunklen Vorplatz der Estación del Ferrocarril Kaffee; für 15 Pesos gabs ein ordentliches Frühstück mit Käsetortillas. Der Fahrkartenschalter öffnete um 5.15 Uhr - es waren noch genügend Plätze frei, da keine Hochsaison war.

Kurz nach 6 Uhr verließ der Chepe mit sonorem Signalton den Bahnhof und bewegte sich gemächlich durch die Außenbezirke von Los Mochis; fast ständig hupend verschaffte er sich freie Fahrt. Gerade ging die Sonne auf; entlang der Schienen standen viele armselige Hütten. Die ersten Stationen waren San Blas und El Fuerte, ab El Descanso zog sich die Bahnlinie ins Gebirge hinein. Es war Zeit zum zweiten Frühstück im Speisewagen; die Gefahr, sich "Montezumas Rache" zu holen, bestand hier kaum. Viele Amerikaner fuhren mit - kein Wunder, die USA liegen ja gleich nebenan.

Der "Chepe" schnauft ins Gebirge hinauf

Die Landschaft war jetzt außerordentlich abwechslungsreich; es ging durch Schluchten und Täler, vorbei an Flüssen und Felswänden, über Brücken und durch Tunnelröhren; urwaldartiger Baumwuchs und steinige Flussbetten säumten den Weg - weit unten lag ein abgestürzter Waggon. Und ständig

Kurven, Kurven. In Temoris zog der Zug in einem Tunnel eine Schleife von 180 ° und kam weiter oben in der Felswand wieder heraus. Die Hälfte der 86 Tunnels waren schon durchfahren. Erst als eine Art Scheitelpunkt der Strecke erreicht war, wurde die Landschaft etwas unspektakulärer: die Berge wurden flacher, statt Urwald gab es Nadelbäume, im Flussbett war kein Wasser mehr. In Bahuichivo stiegen viele Fahrgäste zu. Für die ersten 250 km hatte der Zug sieben Stunden gebraucht, bis Chihuahua waren es weitere rund 400 km - El Chepe würde heute sehr spät ankommen.

Um 16.30 Uhr war Aussteige- und Besichtigungshalt in El Divisadero. Hier in 2250 m Höhe war die Aussicht auf die Urique-Schlucht und die in der Abendsonne liegende Sierra fantastisch - eine Stimmung wie am Grand Cayon in Arizona. Wegen der enormen Verspätung war der Aufenthalt nur kurz; schon hupte der Lokführer zum Aufbruch. Bald kam Creel, in dessen Umgebung viele Tarahumara-Indianer siedelten und das Ausgangspunkt für touristische Aktivitäten war. Hier verließen die meisten Fahrgäste die Bahn. Es wurde kühl auf weit über zweitausend Meter Meereshöhe; um 18 Uhr stand die Sonne schon ganz tief. Im Bordrestaurant wartete ein reichhaltiges, schön scharfes Abendessen, dazu Tecate-Bier.

Um 21 Uhr Durchfahrt durch Cuauthémoc, ein Mennonitenzentrum, wo auch das im Zug ausgeschenkte Bier gebraut wurde. Schließlich, um etwa 23 Uhr, Ankunft in Chihuahua, nach rund 17-stündiger Fahrt.

Mariachi-Band an der Plaza Garibaldi

Jetzt galt es nur noch, möglichst schnell ein Hotelzimmer zu finden. Um diese Tageszeit durfte man allerdings nicht wählerisch sein, ein Taxler half bei der Suche. Immerhin gabs um Mitternacht vom Wirt nochmal ein kühles Texate als Schlummertrunk.

Am Bahnhof von Ferrocarril Mexicano in Chihuahua war am nächsten Tag - bis auf Schalterraum und Wartehalle - alles verriegelt und bewacht; fotografieren durfte man nur von außen, durch den Zaun. Auf der Gelände-Rückseite hatte ein Wächter Erbarmen. Doch kaum waren die Bilder im Kasten, strömten von mehreren Seiten seine Kollegen herbei, um die Knipserei zu unterbinden.

Über Chihuahua fuhren Ende der 90er Jahre keine Personenzüge mehr nach Mexico-Stadt; so blieb wieder nur der Bus. In einer langen Tag- und Nachtfahrt gings zur Hauptstadt. In den Rasthäusern am Weg konnte man sich immerhin verköstigen und ein wenig mit den Leuten reden. Der Bahnhof der Metropole, Buenavista, wirkte wie ausgestorben. Bewaffnete Wächter verwehrten den Zugang - nix mit fotografieren. Schön, dass es die Plaza Garibaldi gab, wo Mariachi-Bands mitreissende Musik machten, bevor die nächste Busfahrt nach Süden, in Richtung Guatemala, startete.

Mit Road Trains durch Australien
Als Beifahrer unterwegs auf dem Stuart Highway

Der Fünfte Kontinent ist, wie man weiß, eine riesige Insel auf der anderen Seite der Erde. Die enorme Entfernung schreckt viele Besucher nicht davon ab, sie kennenlernen zu wollen. Auch bei mir überwog die Anziehungskraft dieses unbekannten Erdteils. Letzte Zweifel schwanden, als der Royal Automobil Club of Victoria (RACV), die dortige Kraftfahrer-Organisation in Melbourne, für mich einen Kontakt zu dem großen Transportunternehmen NT (Northern Transport) herstellte.

Ich hatte nämlich den etwas vermessenen Wunsch geäußert, mich mit dem schwierigen Berufsalltag der australischen Lkw-Fahrer zu befassen - und darüber in Deutschland zu berichten. Das kam dort offenbar gut an und stieß auf offene Ohren. Ich bekam über den Automobilclub einen Ansprechpartner genannt, mit dem ich damals vor über 30 Jahren per Telex die Einzelheiten des Vorhabens klären konnte. Fein, das schien ja von Anfang an wie am Schnürchen zu klappen - die große Entfernung samt Zeitverschiebung machte überhaupt nichts aus!

Da das Projekt in South Australia starten sollte, begab ich mich von Sydney aus über die Hauptstadt Canberra und Melbourne nach Adelaide; dort hatte die Firma NT eine Niederlassung. Hier traf ich den Fahrer Ian, mit dem ich auf Tour gehen würde. Er war ein robuster, junger Typ, der mir seinen Lkw vorstellte, einen Mack-Truck mit langem Auflieger. Mit diesem blau-weiss lackierten Gefährt und mir als Beifarer sollte er Kunden, meist Hotels, am Stuart Highway, der das riesige Land von Süd nach Nord durchquerte, mit Lebensmitteln wie Fleisch, Obst und Gemüse beliefern. Auch wenn sich die zu befahrende Straße Highway nannte, war sie doch alles andere als eine Autobahn. Im Gegenteil, sie war seinerzeit noch über weite Strecken eine sandige Piste, auf der die Trucks schon mal ins Schlingern kamen.

Beim Start wird mächtig Staub aufgewirbelt

Wir starteten also in Adelaide / South Australia; die erste Etappe bis Port Augusta ging noch über den

Princes Highway. Erst ab hier nannte sich die transaustralische Fernstraße Stuart Highway. Ihren Namen hatte sie von dem schottischen Pionier Stuart, der den Kontinent erstmals 1862 bis nach Darwin an der Nordküste durchquert hatte. Dieser Linie folgte zehn Jahre später die transkontinentale Telegrafenleitung - und im 20. Jahrhundert wurden die Gleise der Eisenbahnstrecke des berühmten Zugs The Ghan bis ins rote Zentrum, nach Alice Springs (das sie 1929 in Schmalspur erreichte) gelegt.

Erstmals übernachteten wir im Truck nahe Coober Pedy, nach vielen hundert (genau 850) Kilometern Fahrt: Ian lag in seiner Kabine, ich streckte mich - nicht gerade bequem - über Fahrer- und Beifahrersitz aus. In der Ferne sah man die Lichter der Opal-Stadt Coober Pedy herüberblinzeln; schon nach ein paar Stunden Schlaf ging die Reise weiter, lang vor Sonnenaufgang. Gern hätte ich mich noch bei den Opalsuchern in dieser über hundertjährigen, teils unterirdischen Bergwerkssiedlung umgesehen. Aber da Ian dorthin nichts zu liefern hatte, fuhren wir nordwärts.

Hier war die Straße ein ganzes Stück weit nicht asphaltiert, später erneut mehr als 250 km. Noch in den 1980er Jahren sollte aus dem Stuart Highway durchgehend eine Teerstraße werden. Unterwegs war nun ein Tankstopp fällig sowie eine kurze Rast im

Roadhouse von Marla (1140 km seit Adelaide) angezeigt, wo auch The Ghan Station machte. Ian hielt nicht viel von Ruhepausen; mit 22 Jahren war er noch jung und dynamisch, er wollte fahren und baldmöglichst ankommen. Auch ein Straßenbau-Camp musste er mit Lebensmitteln aus seinem Kühltransporter beliefern. Sein Mack-Truck hatte 350 PS, was hier im Süden mit nur einem erlaubten Trailer als Auflieger genügte; der Motor war im übrigen auf 85 km/h gedrosselt. Das war das Tempolimit im Bundesstaat South Australia für diese Art von Fahrzeugen.

Die Konkurrenz Brem & Son an einem Roadhouse

Knapp 100 km nach der Siedlung Kulgera zweigten wir in westlicher Richtung auf den Lasseter Hwy. ab, der bereits im Northern Territory verlief. Hier gelangten wir zum Touristenresort Yulara in der Nähe des weltbekannten Ayers Rock, wo Kundschaft in dortigen Hotels auf Ians Truck wartete. Für mich blieben einige Stunden Zeit, um zum Uluru, dem heiligen roten Felsen der Aborigines, zu pilgern. Damals durfte der Ayers Rock noch bestiegen werden, was ich mir natürlich nicht entgehen ließ. Die Aussicht von oben - nach dem schweißtreibenden Anstieg - war fantastisch, ebenso der spätere Sonnenuntergang, der den Uluru rot erglühen ließ.

Tags darauf gings die gleichen 250 km zurück, um beim Erldunda Motel und Restaurant wieder auf die Einmündung zum Stuart Highway zu stoßen. Nach weiteren knapp 200 km durch die immer gleiche, rotgefärbte Sandlandschaft erreichten wir das Red Centre, das Rote Herz des Outback, die Oasenstadt Alice Springs (kurz Alice genannt), 1600 km nördlich unseres Ausgangspunkts Adelaide gelegen.

Dank unseres Abstechers zum Ayers Rock zeigte der Kilometerzähler jedoch 2100 km mehr an als bei der Abfahrt. In Alice hatte Ians Transportunternehmen NT seinen Firmensitz, und hier konnte er sich von der anstrengenden Tour durch den halben Erdteil etwas ausruhen, bevor es für ihn wieder südwärts ging. Für die meisten Australienreisenden sind der Ayers Rock und Alice Springs die wirklichen Glanzlichter des auch "Down under" genannten Kontinents. Die unweit der zentralen Oasenstadt (mit 25.000 Einwohnern) sich hinziehenden MacDonnell Ranges mit ihren über den Ross Highway gut zu erreichenden Nature Parks, Canyons und Gorges sind jeden Ausflug wert.

Aber auch die gemütlichen Pubs und geschichtsträchtigen Gebäude der Stadt verdienen einen ausgiebigen Besuch, erst recht die (damalige) Endstation der Eisenbahn, das Old Ghan Museum und natürlich der Aussichtshügel Anzac Hill. Dies alles intersssierte mich zwar auch sehr, aber der absolute Höhepunkt meiner Fahrt durch das Outback kam erst noch. Am Tag nach der Ankunft, einem Samstagmorgen, kam ich erneut auf das NT-Betriebsgelände, wo reges Treiben herrschte und auch der Manager anwesend war. Seine Fahrer waren mit dem Be- und Entladen, Waschen und Betanken ihrer Trucks beschäftigt oder schraubten an ihnen herum.

Dabei lernte ich Sean kennen, den Fahrer des Super-Trucks von NT: einer Mack-Zugmaschine mit 400 PS und 14,6 l Hubraum sowie sage und schreibe drei Trailern! Es war ein Tanklaster, der 90.000 l Benzin fasste, 50 m lang war und samt Ladung 100 t wog! Und das Höchste dran war: Ich konnte mit Sean und seinem Super-Lastzug am Sonntagabend auf Fahrt gehen - von Alice Springs auf dem Stuart Highway nach Tennant Creek, einer alten Goldgräberstadt! Auf diese Tour freute ich mich ganz besonders.

Ein Mack-Supertruck, wie er im Buche steht!

Am Sonntag um 19 Uhr war ich wieder zur Stelle, die drei Anhängertanks à 30.000 l waren inzwischen aufgefüllt. Sean am Steuer setzte das Ungetüm langsam aber sicher in Bewegung und wirbelte dabei mächtig Staub auf. Außerhalb von Alice erreichte der Truck bald seine zulässige Höchstgeschwindigkeit von 85 km/h, die er dann fast ständig beibehielt. Als es dunkel wurde, tauchten am Straßenrand die ersten Känguruhs auf. An diesem Wochentag und zu dieser Uhrzeit gab es kaum Gegenverkehr, etwa alle halbe

Stunde ein Auto. Auf der teils nur einspurig asphaltierten Straße wich Sean den anderen Fahrzeugen nur aus, wenn sie gleichen Kalibers waren, also ebenfalls Lkw. Pkw hingegen musste ihre Fahrspur flugs verlassen und dem Truck Vorrang einräumen, was anscheinend alle wussten. Sean meinte dazu, dass seine Anhänger gelegentlich ins Schlingern gerieten, was ihn aber offenbar nicht beunruhigte; schließlich kannte er ja sein überlanges Gefährt bestens.

Am Roadhouse Ti Tree machten wir Rast. Sean traf hier eine Reihe anderer Trucker, die ihn als alten Kollegen begrüßten. Auf Alkohol verzichtete er vernünftigerweise, obwohl er gern ein Bierchen getrunken hätte (Australier sind ja weltweit als Biertrinker rekordverdächtig). Vor der Weiterfahrt machte er die übliche Luftdruckkontrolle der Reifen, indem er mit einem Metallstab auf diese draufschlug. Bei 31 Achsen waren dies 62 Reifen und ebensoviele Tests. Nach Mitternacht war es Zeit zu schlafen. Ich kannte meinen ungemütlichen Ruheplatz bereits von Ians Truck her. Gut, dass die Fahrt schon in aller Herrgottsfrühe fortgesetzt wurde, nach erneutem Kontrollgang.

Am Montagmorgen tauchte das Ziel unserer Tour auf: die frühere Bergwerkstadt Tennant Creek, 500 km nördlich von Alice. Das dortige Elektrizitätswerk hatte die Ladung Benzin bestellt. Sean wusste natürlich, wie er sein Riesengespann ohne Schrammen dorthin zu steuern hatte.

Australiens Wahrzeichen: das Opernhaus von Sydney

Während er seine Tankanhänger entleerte, was Stunden dauern würde, verabschiedete ich mich und dankte ihm für die fantastische, wenn auch kurze Reise mit seinem Supertruck, den er so leicht und sicher lenkte wie andere Leute ihr Auto mit Wohnanhänger. Meine Fahrt setzte ich per Bus nach Darwin am nördlichen Ende des Stuart Highways fort; von Adelaide bis hierher waren es rund 3000 km gewesen. Über Bali und Java machte ich mich von der indonesischen Hauptstadt Jakarta aus auf den Heimflug.